Peter Kolb

Wer waren die Kelten?

JUNIORKATALOG

des Museumspädagogischen Zentrums
München in Zusammenarbeit mit der
Prähistorischen Staatssammlung München

MPZ

Dieser Juniorkatalog entstand aus Anlaß der durch die Kulturstiftung der Länder geförderten Landesausstellung des Freistaats Bayern und der Stadt Rosenheim 'Das keltische Jahrtausend' (19. Mai bis 1. November 1993 in Rosenheim).

Herausgeber: Museumspädagogisches Zentrum (MPZ)
Barer Straße 29, D-80799 München

MPZ-Zeichnungen und Gestaltung: Dr. Peter Kolb
(Abbildungen siehe auch Einzelnachweise)

Fachwissenschaftliche Begleitung: Dr. Hermann Dannheimer
Dr. Andrea Lorentzen
Dr. Hans Peter Uenze
Prähistorische Staatssammlung München

Redaktionelle Begleitung: Dr. Hans-Uwe Rump, MPZ

Gesamtherstellung: Löwen-Druck

ISBN 3 9298 6200 X

Fragen an ein altes Volk voller Geheimnisse

Hallo, liebe Leser

Wenn wir heute von den Kelten sprechen, so fallen jedem sofort Asterix und Obelix, die unerschrockenen und schlagkräftigen Gallier, ein.

Daß die Kelten, die in alten römischen Berichten "Gallier" heißen und von den Griechen "Keltoi" oder "Galater" genannt wurden, aber nicht nur unerschrockene Krieger, sondern auch geschickte Handwerker, Bauern und Händler waren, belegen zahlreiche Grab- und Siedlungsfunde aus Deutschland, Österreich, der Schweiz, Ungarn, der ehemaligen Tschechoslowakei, aus Frankreich, Italien, Griechenland und der Türkei, aus Großbritannien, Irland und anderen europäischen Ländern. So gelang es den Wissenschaftlern, viele Irrtümer und Vorurteile über die Kelten abzubauen und richtigzustellen.

Trotzdem bleiben noch immer viele Fragen offen, vor allem was die Zeit der frühen Kelten betrifft.

Wer die Kelten waren und wie sie gelebt haben, erfahrt Ihr, wenn Ihr diesen Katalog lest. Beim Rundgang durch Ausstellungen und Museen mit Funden aus der Keltenzeit werdet Ihr vieles wiedererkennen und könnt es Euren Freunden und Eltern erklären.

Viel Spaß auf den Spuren der Kelten
wünscht Euch

Euer Museumspädagogisches Zentrum
München.

Woher stammt unser Wissen über die Kelten?

Von Geschichtsschreibern und Ausgräbern: Die Überlieferung

Was wir über die Kelten wissen, verdanken wir zum einen griechischen und römischen Schriftstellern, zum anderen zahlreichen Ausgrabungsfunden und sprachwissenschaftlichen Untersuchungen. Als erster erwähnte der griechische Geschichtsschreiber **Herodot** (um 484 - 425 vor Christus) die Kelten.

Er berichtet: *"Die Donau entspringt im Lande der Kelten nahe der Stadt Pyrene und fließt mitten durch Europa. Die Kelten aber wohnen jenseits der Säulen des Herakles, den Kynesiern benachbart, den am weitesten im Westen beheimateten Bewohnern Europas."*

Wenn Herodot hier behauptet, daß die Donau nahe einer Stadt in Spanien entspringt und die Kelten jenseits von Gibraltar, *„den Säulen des Herakles"*, lebten, so erscheint uns dies heute recht ungenau. Aber es zeigt doch, daß die Kelten zu seiner Zeit bereits weite Teile Mittel- und Westeuropas besiedelt haben mußten und sich durch die Art, wie sie lebten, durch ihre Kultur, deutlich von anderen Völkern unterschieden. Im Laufe der nachfolgenden Jahrhunderte mehrten sich die Berichte über die Kelten, die von den Römern **"Gallier"** genannt wurden. So entstand ein immer deutlicheres Bild von diesem Volk. Unter den antiken Schriftstellern, die von den Kelten berichten, sind vor allem **Poseidonios** und **Gaius Iulius Caesar** zu nennen. **Poseidonios** stammte aus Syrien und bereiste bereits um 90 vor Christus das südliche Gallien. Er studierte und beschrieb ausführlich Land und Leute. Leider besitzen wir heute nur noch Auszüge seines Forschungsberichtes, die uns der Grieche Diodor überlieferte. Die ausführlichste Beschreibung wenigstens eines Teils der keltischen Welt stammt aber von **Gaius Iulius Caesar,** dem berühmten römischen Feldherrn, der zwischen 58 und 51 vor Christus Gallien bis zum Rhein eroberte.

Während wir über die Kelten und ihre Kultur zwischen 450 und 15 vor Christus einigermaßen gut, wenn auch sozusagen 'aus zweiter Hand' informiert sind, liegen die Anfänge dieses Volkes noch weitgehend im dunkeln, weil die Kelten nichts Schriftliches hinterlassen haben. Dies hängt wohl damit zusammen, daß - wie uns Caesar berichtet - ihre Priester, die Druiden, nicht wollten, *"daß ihre Lehre unters Volk gebracht wird"* und weiter verhindert werden sollte, daß *"die Lernenden nicht, im Vertrauen auf ihre Niederschrift, zu wenig Wert auf die Übung des Gedächtnisses legen..."*.

Wer waren die Kelten?

Von der Urnenfelderzeit zur Latènezeit: Das keltische Jahrtausend

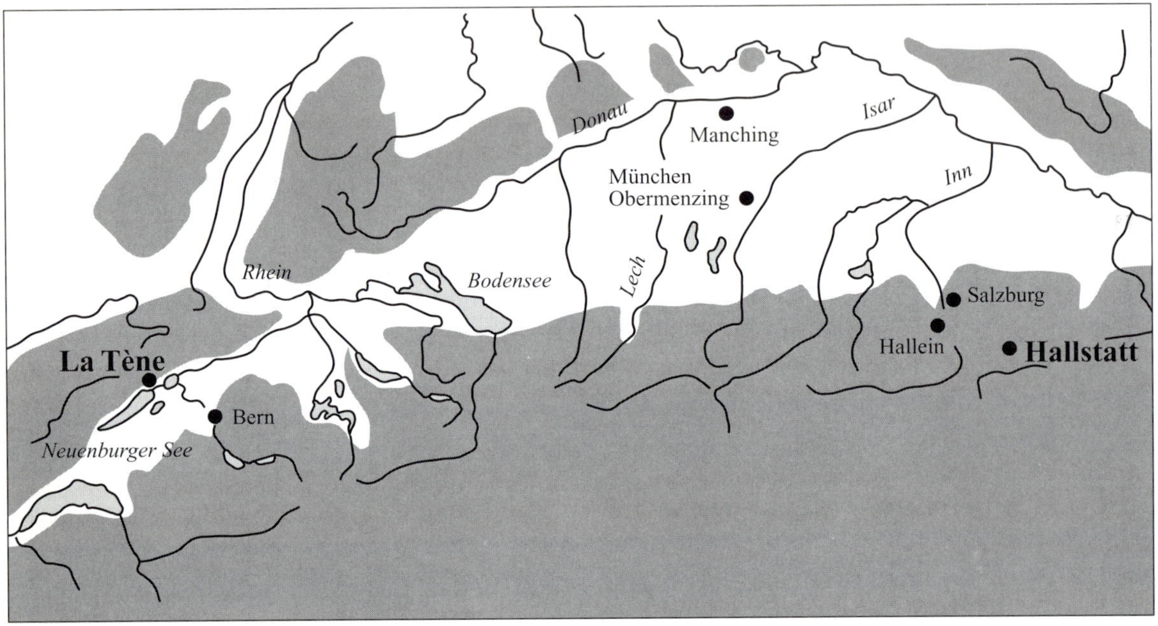

Die Karte zeigt u.a. Hallstatt im Salzkammergut (Österreich) und La Tène am Nordufer des Neuenburger Sees (Schweiz).

Aufgrund zahlreicher Funde lassen sich heute verschiedene Entwicklungsstufen der keltischen Kultur feststellen. Sie umfaßt den Zeitraum von der späten Bronzezeit bis zur Eroberung und Niederwerfung der Kelten durch die Römer.

Innerhalb dieses keltischen Jahrtausends, das um ca. 1200 vor Christus beginnt und um Christi Geburt endet, gab es drei große Kulturabschnitte, die wir heute als **Urnenfelder-**, **Hallstatt-** und **Latènezeit** bezeichnen.

Der Name **Urnenfelderzeit**, der mit der späten Bronzezeit und der frühen Hallstattzeit zusammenfällt, bezieht sich dabei auf die Art der Bestattung. Wie aus dem Namen hervorgeht, wurden die Toten zu dieser Zeit verbrannt und die Urnen mit der Asche entweder in flachen Grabfeldern oder in Gräberhügeln beigesetzt.

Die nachfolgende Eisenzeit wird in die **Hallstatt-** und **Latènezeit** unterteilt. Die Namen stehen dabei für die Orte, an denen erstmals zahlreiche Keltenfunde aus dieser Zeit gemacht wurden. Nach dem berühmten Gräberfeld bei **Hallstatt** im Salzkammergut (Österreich) wird die Zeit der frühen Kelten benannt.

Die späte Keltenzeit hingegen wurde nach der Siedlung bei **La Tène** am Nordufer des Neuenburger Sees in der Westschweiz benannt. Die in Hallstatt, bzw. in La Tène gemachten Funde waren so typisch für ihre Zeit, daß die Namen Hallstatt- und Latènezeit auch auf weitere Funde außerhalb dieser beiden Orte übertragen wurden.

Versucht man die Zeit der Kelten zu untergliedern, so ergibt sich folgendes Bild:

Urnenfelderzeit	**Späte Bronzezeit** 1200 - 750 v. Chr.
Hallstattzeit	**Ältere Eisenzeit** 750 - 450 v. Chr
Latènezeit	ca. 480/450 - 400 v. Chr.
	Jüngere Eisenzeit ca. 400 - 15 v. Chr.

Von Wanderung und Seßhaftigkeit: Der Lebensraum

Wo schriftliche Überlieferungen fehlen, helfen uns die Archäologen mit ihren Ausgrabungen weiter. Und was sie uns mitzuteilen haben, ist nicht weniger interessant als die Berichte der antiken Schriftsteller. Dieser oft mühevollen, detektivischen Arbeit der Archäologen ist es zu verdanken, daß wir heute die Geschichte der Kelten bis weit in das letzte Jahrtausend vor Christus zurückverfolgen können.

Obwohl auch die Archäologen nicht genau sagen können, woher die Kelten kamen, fanden sie immerhin heraus, daß deren Urheimat irgendwo in Mitteleuropa lag. Ihr **ursprüngliches Siedlungsgebiet** erstreckte sich **vom östlichen Frankreich über West- und Süddeutschland bis nach Böhmen**. Hier entwickelten die Kelten ihre Sprache und Kultur.

Auf **großen Wanderungen** und Eroberungszügen zwischen dem 5. und 3. Jahrhundert vor Christus breiteten sich die keltischen Stämme **über den ganzen europäischen Kontinent** aus. Oft waren sie bei ihren Streifzügen nur auf Beute bedacht, manchmal wurden sie dabei auch seßhaft. Sie gelangten im Westen bis an den Atlantik und im Osten ans Schwarze Meer bis nach Ankara in der heutigen Türkei. Im Norden besiedelten sie die Britischen Inseln, im Süden ließen sie sich in Oberitalien, Südfrankreich und auf der spanischen Halbinsel nieder.

Daß es sich bei diesen Stämmen und Stammesgruppen um Kelten handelte, bezeugen noch heute zahlreiche Personen-, Orts- und Gewässernamen keltischen Ursprungs, aber auch Fundstücke ihre unverwechselbaren Kultur.

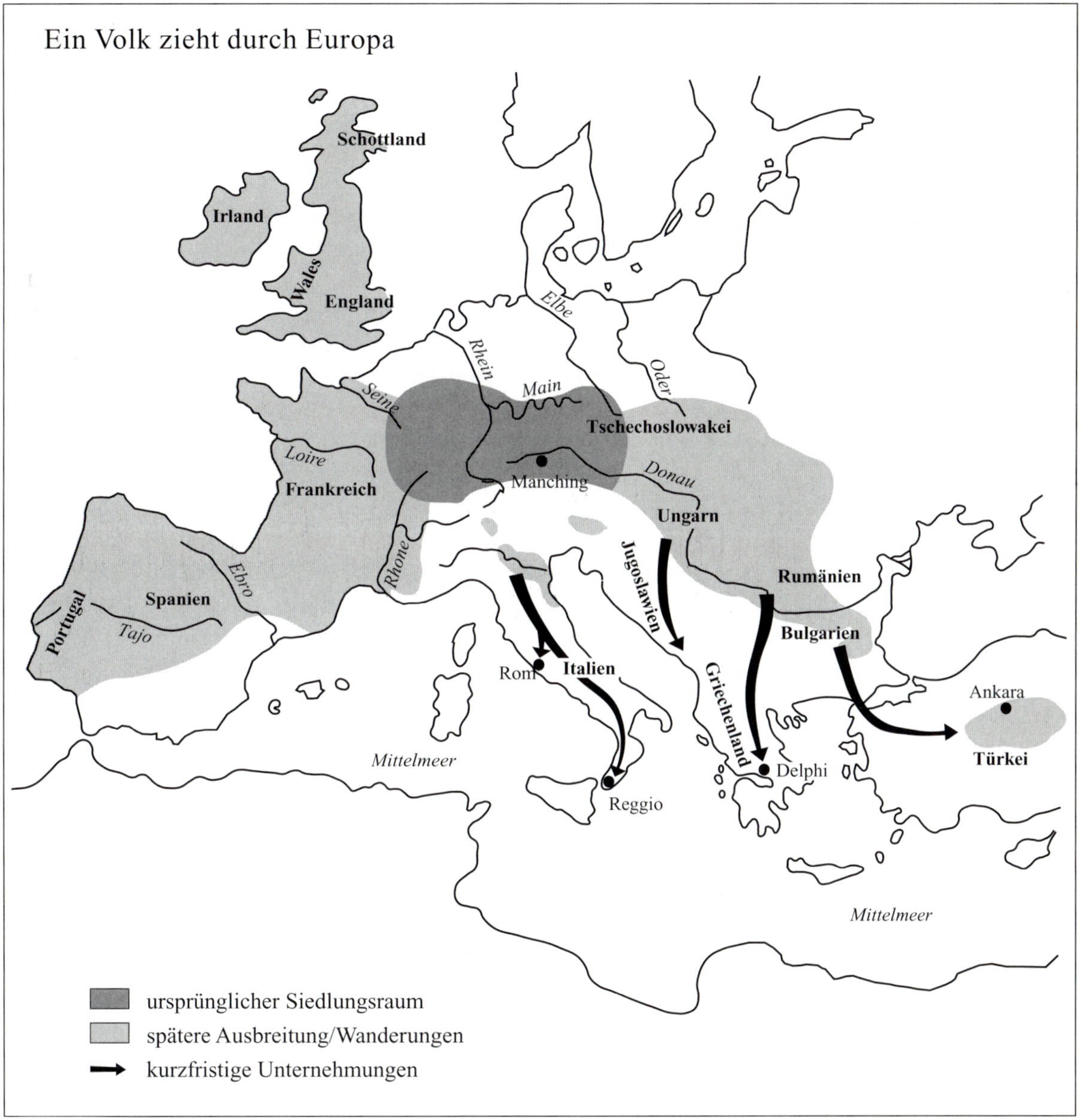
Ein Volk zieht durch Europa
Schottland
Irland
Wales
England
Elbe
Rhein
Oder
Main
Seine
Tschechoslowakei
Loire
Manching
Donau
Frankreich
Ungarn
Jugoslawien
Rhone
Ebro
Rumänien
Spanien
Portugal
Tajo
Bulgarien
Rom
Italien
Griechenland
Ankara
Türkei
Mittelmeer
Delphi
Reggio
Mittelmeer
ursprünglicher Siedlungsraum
spätere Ausbreitung/Wanderungen
kurzfristige Unternehmungen

Von Stämmen und Stammesgruppen: Die Kelten in unserer Heimat

Die Kelten waren, wie auch später die Germanen, ein aus vielen Stämmen und Stammesgruppen bestehendes Volk, das sich vor allem durch seine Sprache von anderen alten Völkern abhob. Große Unterschiede scheint es in der Gesellschaftsordnung der einzelnen Stämme gegeben zu haben. Inwieweit diese die gleichen Götter verehrten, ist ungewiß. Und auch die für die Kelten typischen Schmuckformen scheinen sich erst seit dem 5. Jahrhundert vor Christus als typisch keltischer Stil herausgebildet zu haben.

Will man sich also mit den Kelten und ihrer Kultur beschäftigen, so muß man zuerst einzelne Stämme oder Stammesgruppen genauer betrachten und dann nach Gemeinsamkeiten suchen. Sind zum Beispiel die Art der Bestattung, die Anlage von Gräbern und die Grabbeigaben gleich, so kann man davon ausgehen, daß die Begrabenen der gleichen Gruppe angehörten.

Was nun die Kelten in Bayern betrifft, so können wir sowohl verschiedene Stämme als auch innerhalb der Stämme wieder verschiedene Gruppen ausmachen. Sie zu benennen ist aber erst seit der römischen Besatzungszeit, also nach dem Ende der keltischen Vorherrschaft in Bayern, möglich. Römischen Berichten zufolge lebten in den Alpen und im nördlichen Voralpenland die **Helvetier**, die **Raeter**, die **Vindeliker** und die **Noriker**.

Von den **Vindelikern**, die unter der Führung der beiden Stiefsöhne des Kaisers Augustus, Tiberius und Drusus, besiegt wurden, wissen wir, daß sie zwischen Bodensee und Inn im Alpenvorland bis hin zur Donau und auch im Rheintal zwischen Chur und Bregenz siedelten. Als Teilstämme der Vindeliker werden uns dabei die Brigantier um Bregenz, die Estionen um Kempten, die Likatier am Lech und weiter östlich die Cattenaten, Cosuaneten und Rucinaten genannt. Die bedeutendste Stadt der Vindeliker war wohl das große Oppidum von Manching, nahe Ingolstadt. Da diese Stadt jedoch bereits vor dem Einmarsch der Römer aufgegeben worden war, blieb sie im Gegensatz zu anderen Städten in römischen Berichten unerwähnt.

Das Gebiet östlich des Inns war die Heimat der **Noriker**. Im Gegensatz zu ihren anderen keltischen Nachbarstämmen blieben sie von den Germanen verschont und wurden ohne Krieg dem römischen Reich einverleibt. Der westliche Teil des ehemaligen keltischen Königreiches, das die Römer zur Provinz Norikum umgestalteten, gehört heute zu Bayern und liegt zwischen Inn und Salzach.

Über das Schicksal der **Helvetier** sind wir dank Caesars Kriegsbericht verhältnismäßig gut informiert. So erfahren wir, daß sie früher einmal weite Teile Südwestdeutschlands vom Main bis zum Rhein besiedelt hatten und sich dann unter dem Druck der Germanen in das Gebiet der heutigen Schweiz zurückzogen. (Die Schweiz nennt sich heute noch "Helvetia".)

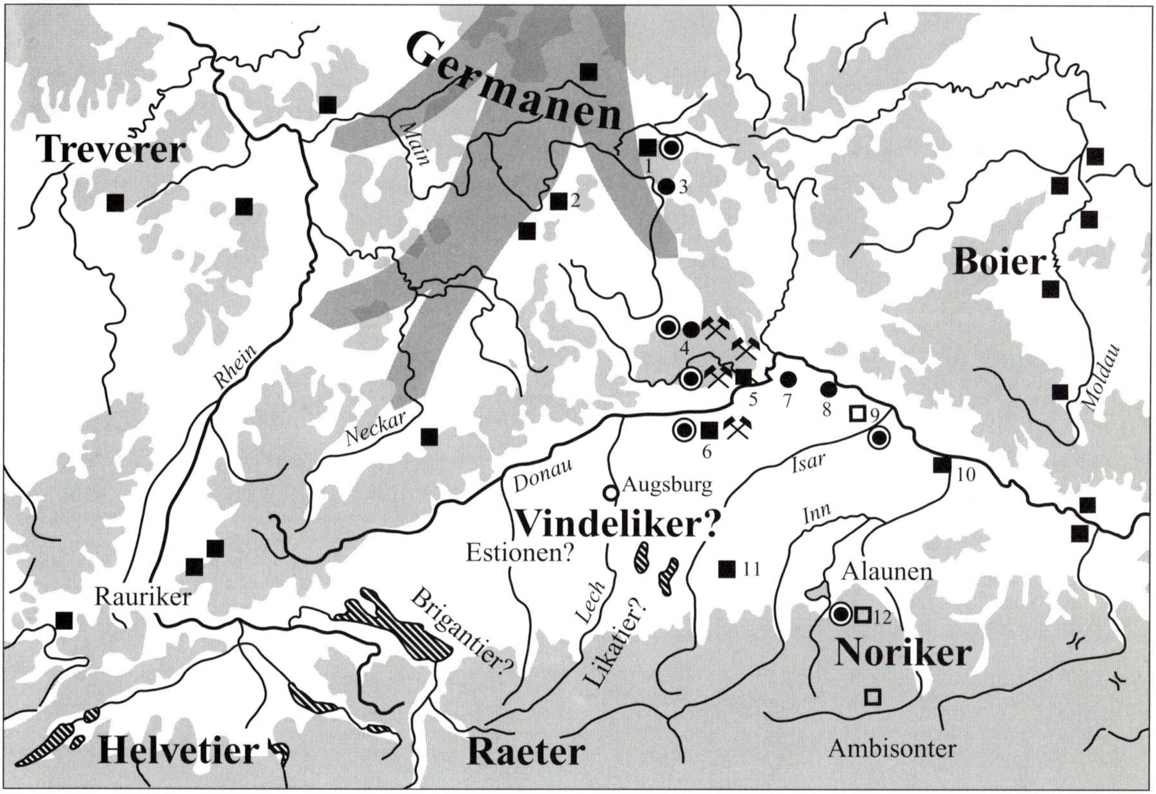

Keltische Stämme und Städte (Quadrate), wichtige Siedlungen in Bayern (Punkte) und Germanenzüge zwischen 72 und 58 v. Chr.
1 Staffelberg - 2 Schwanenberg - 3 Altendorf - 4 Berching-Pollanten - 5 Kehlheim - 6 Manching - 7 Egglfing - 8 Straubing - 9 Wallersdorf - 10 Passau - 11 Fentbachschanze - 12 Karlstein - Offene Signatur: Oppidum vermutet. - ◉ Münzprägestelle. - ⚒ Erzabbau.
Die mit Fragezeichen versehenen Stämme sind wahrscheinlich erst nach 15 v. Chr. angesiedelt worden.

Als weiterer keltischer Stamm sind noch die **Boier** zu nennen. Sie siedelten im Osten in dem Gebiet von Böhmen bis zu den Karpaten. Von den Boiern wissen wir, daß ein Teil des Stammes während der großen Keltenwanderung um 400 vor Christus über die Alpen nach Süden kam und sich im Südosten der Poebene niederließ. Als das Land dann um 196 vor Christus unter römische Herrschaft gelangte, zogen sie sich nach heftigem Widerstand über die Alpen nach Norden in ihre alte Heimat zurück. Doch schon bald gerieten sie auch hier in Bedrängnis.

Der Grund dafür, daß sich 32 000 Boier erneut auf Wanderschaft begeben mußten, waren diesmal aus dem Nordosten einfallende germanische Stämme. Um ihrem Ansturm zu entgehen, zog ein Teil der Boier um 60 vor Christus nach Südwesten und schloß sich den Helvetiern an. Doch wie bei allen keltischen Stämmen nördlich der Alpen endete der Zug in die Freiheit in Unfreiheit. Ab 15 vor Christus waren die neuen Herren südlich der Donau die Römer und im Norden die Germanen.

Die Stämme der **Raeter** lebten im Alpenraum und Oberitalien. Als dann im 2. Punischen Krieg (218 - 201 vor Christus) keltische Verbände unter Führung Hannibals Rom bedrohten, holten die Römer zum Gegenschlag nach Norden aus. Sie eroberten und unterwarfen zwischen 196 und 183 vor Christus das keltische Siedlungsgebiet in Oberitalien und vertrieben die dort lebenden Boier. In einem nächsten Schritt bezwangen und unterwarfen sie die keltischen Alpenstämme, die Helvetier, die Raeter, die Salasser und schließlich auch die Vindeliker. Aus dem Siedlungsgebiet dieser vier keltischen Stämme wurde dann die Provinz Raetien gebildet.

Von Orts- und Flußnamen: Die Sprache

Bei der Erforschung der Kelten spielt ihre Sprache eine wichtige Rolle. Die keltischen Stämme in den verschiedenen Gegenden Europas verwendeten dieselben Wörter, und die keltischen Ortsnamen weisen oft dieselben Endungen auf. Daher wissen wir heute, wo die Kelten lebten und wohin sie ausgewandert sind.

Bei der Untersuchung keltischer Ortsnamen, die uns griechische und römische Schriftsteller überliefert haben, fällt auf, daß viele Ortsnamen auf **-briga** (was soviel wie ‘Hügel’ heißt), auf **-bona** oder **-pona** (was ‘Hauptort’ bedeuten könnte), oder auf **-dunum** und **-durum** (das keltische Wort für ‘Festung’ oder ‘Befestigung’) enden.

Orte keltischen Ursprungs wären somit z.B. **Kempten** (Cambodunum), **Passau** (Boiodurum), oder **Bregenz** (Brigantium).

Neben Ortsnamen stammen auch viele Flußnamen wie **Rhein**, **Neckar** oder **Main** von den Kelten. Das gleiche gilt wahrscheinlich für **Donau**, **Isar**, **Lech** und **Inn**, da es im übrigen keltischen Europa ganz ähnliche Flußnamen gibt.

Das Aufspüren keltischer Elemente in unserer Sprache wird dadurch erleichtert, daß noch heute in einigen Gebieten von Wales, Schottland, Irland und der Bretagne keltische Sprachen gesprochen werden. Beim Vergleich dieser vier keltischen Sprachen fand man viele Gemeinsamkeiten heraus, die auf eine keltische Ursprache schließen lassen.

Weiter stellten die Sprachforscher fest, daß es innerhalb des Keltischen zwei Dialekte gab, die sich klar voneinander unterschieden. Denn wo die altirische und schottische Sprache einen **q-Laut** oder später einen (c)k-Laut besaß, wurde bei den Kelten in Wales und auf dem Festland ein **p-Laut** daraus.

Deutsch	**Irisch**	**Walisisch**
was	ca	pa
wer	cia	pwy
Kopf	ceann	pen
vier	cethir	pedwar

Bei der Untersuchung der keltischen Sprache fanden die Wissenschaftler auch viele Gemeinsamkeiten mit dem Latein, anderen, noch älteren Dialekten Italiens und dem Germanischen.

Leierspieler von der Innenseite einer Tonschale, Schirndorf bei Burglengenfeld (Oberpfalz)

Ein Beispiel für die keltische Sprache bieten einige Zeilen aus der ältesten walisischen Handschrift, der Gododdin Gedichtsammlung. Bei den Gedichten aus dem 9. Jahrhundert nach Christus handelt es sich um Klagegedichte und Lobpreisungen von Kriegern, wie sie viele Jahrhunderte zuvor bereits von römischen Schriftstellern überliefert wurden:

Tri chan eurdorch a grysiasant	*Dreihundert mit goldenen Halsringen brachen auf,*
yn amwyn breithell bu edrywant	*Um ihr Land zu verteidigen, traurig war ihr Schicksal.*
cyd ry lladded wy wy laddasant	*Obwohl sie erschlagen wurden, erschlugen sie.*
a hyd orffen byd edmyg fyddant	*Gepriesen seien sie bis ans Ende der Welt.*
ac o`r sawl a aethom o gydgarant	*Von allen unseren Verwandten, die aufbrachen,*
tri namyn un gwr nid enghysant	*Wehe! kehrte nur einer zurück.*

Wie sahen die Kelten aus?

Wie die Kelten aussahen und wie sich kleideten, wissen wir von den Archäologen, die zahlreiche keltische Gräber aus der Hallstatt- und Latènezeit untersucht haben. Seit der Latènezeit wissen wir dies aber auch aus vielen antiken Berichten, sozusagen von Augenzeugen. Da sich die griechischen und römischen Berichte fast ausschließlich mit den Kelten im heutigen Frankreich und Italien beschäftigen, sind sie für uns nur insoweit interessant, als sie sich durch archäologische Funde bestätigen lassen oder der Archäologie bei der Beantwortung offener Fragen weiterhelfen. Versucht man nun, die Grabfunde, die wenigen bildlichen Darstellungen und die antiken Berichte in Einklang zu bringen, so ergibt sich folgendes Bild:

Die Kelten waren im Vergleich zu den Etruskern, Griechen und Römern sehr groß, mit einer Durchschnittsgröße von etwa 1,60 m bei Frauen und von etwa 1,70 m bei Männern fast genauso groß wie wir.

Wie Skelettuntersuchungen weiter ergaben, lag die Lebenserwartung der Männer zwischen 35 und 40 Jahren und die der Frauen zwischen 30 und 35 Jahren.

Neben den recht allgemein gehaltenen Beschreibungen antiker Schriftsteller sind auch hier wieder Grabfunde unsere wichtigste Informationsquelle. Sie zeigen zum einen, wie sich die einzelnen keltischen Teilstämme zu bestimmten Zeiten kleideten, und zum anderen, wie sich die Trachten innerhalb eines Siedlungsgebietes veränderten.

Da die Toten vermutlich in ihrem Festtagsgewand begraben oder verbrannt und ihnen zahlreiche Beigaben mit ins Grab gegeben wurden, können die Archäologen zusätzlich Aussagen über den sozialen Stand der Verstorbenen machen.

Allgemeines über die keltische Kleidung erfahren wir von Diodor:

"Ihre Art sich zu kleiden ist sehr auffallend: sie tragen nämlich farbige Röcke, die wiederum sehr bunt geblümt sind, und Hosen, die sie Braken nennen. Darüber werfen sie gestreifte Mäntel, die mit einer Spange befestigt sind, und zwar im Winter von dickem Stoff, im Sommer dünne, vielfach und sehr buntfarbig gewürfelt."

Wie die Kleidung aussah oder wie sie geschnitten war, wissen wir heute leider nicht. Denn wie bei allen organischen Materialien, fand man in den Gräbern außer einigen Stoffresten, die Diodors Aussagen zu bestätigen scheinen, leider kaum mehr etwas von der Kleidung.

Ganz anders verhält es sich mit den beschriebenen Spangen oder Fibeln, den zahlreich gefundenen Arm-, Bein- und Halsringen, Ketten, Waffen und Werkzeugen, die allesamt aus Metall gefertigt waren und die Jahrtausende mehr oder weniger gut überdauerten.

Von Gewandfibeln, Arm- und Beinringen: Die Frauentracht

Die Lage der Überreste der Tracht in den gefundenen Gräbern geben uns Auskunft, wie sich die keltischen Frauen einer bestimmten Zeit kleideten und welchem sozialen Stand sie angehörten.

Frauen in der Hallstattzeit

Wie zwei Rekonstruktionsversuche aus Unterfranken zeigen, konnte sich die Festtagstracht der Frauen ein und desselben Gebietes erheblich voneinander unterscheiden. So trug die **Frau aus Großeibstadt** vier Segelohrringe, einen Halskragen aus zehn Ringen, an der Schulter zwei lange Gewandnadeln, zwei Unterarmringe und am Gürtel zwei riesengroße Hohlwulstringe aus Bronze.

Frauentracht nach Grabfunden aus Großeibstadt (Unterfranken)

Viel bescheidener war dagegen die Tracht der **Frau aus Birkenfeld**. Sie trug nur zwei Ohrringe, an jeder Schulter zwei Spiralfibeln, um das rechte Handgelenk zwei und um das linke einen Armring, um die Fußgelenke je einen Beinringsatz, der nicht abgenommen werden konnte, um die Hüfte einen Blechgürtel mit Amulettanhänger sowie ein Toilettebesteck, bestehend aus Ohrlöffelchen, Pinzette und einem Nagelschneider. Auch wenn die Grabausstattungen recht unterschiedlich sind, so kann man doch aufgrund der großen Zahl untersuchter Gräber einige allgemeine Aussagen über die Frauentracht der Hallstattzeit machen.

Frauentracht nach Grabfunden aus Birkenfeld (Unterfranken)

Haar- und Ohrschmuck

Welche Frisuren die frühkeltischen Frauen trugen, ist unbekannt. Wahrscheinlich flochten sie ihr langes Haar zu Zöpfen oder steckten es kunstvoll hoch. Sie verbargen es zuweilen wohl auch unter einer Haube oder in einem Haarnetz und hielten es mit Stirnbändern zusammen. Ob sie das Haar wie die Männer bleichten oder färbten, ist nicht bekannt. In den Haaren hingen ein oder zwei Ohrringe aus Bronze, bei Frauen der Oberschicht gelegentlich auch aus Gold.

Halsschmuck

Als Halsschmuck trugen die keltischen Frauen Perlenketten und Bronzeringe, letztere manchmal zeitlebens. Reiche Frauen schmückten sich mit mehrteiligen Perlenkolliers. Die Perlen und der Schieber, der die einzelnen Kettenreihen auseinanderhielt, waren dabei aus Glas, Bernstein, Pechkohle, Knochen, Geweih oder Bronze.

Perlenkette und Ringperlen aus Bernstein, Traubing-Machtlfing bei Tutzing (Oberbayern)

Bronzener Halsringsatz, Weikersdorf bei Erlangen-Höchstadt (Mittelfranken)

Arm- und Beinringe

In vielen Frauengräbern finden sich Armringe, -spangen und -bänder. Sie waren meist aus Bronze gegossen oder getrieben, aber auch aus schwarzglänzender Pechkohle gedrechselt. Unter den vielen verschiedenen Typen von Armbändern fallen in der Hallstattzeit die bis zu 20 cm hohen Tonnenarmbänder besonders auf. Sie wurden stets als Paar am Unterarm angelegt. Neben Armringen finden sich bei Frauen mancher Siedlungsgebiete auch Beinringe. Da die Hals-, Arm- und Beinringe in einem Siedlungsgebiet stets auf die gleiche Weise miteinander kombiniert und getragen wurden, gehen die Forscher davon aus, daß es bei den Kelten innerhalb einer Siedlungsgruppe eine feste Kleiderordnung gegeben haben muß.

Gewandnadeln

Im Schulterbereich trugen die Frauen der Hallstattzeit verschieden geformte Gewandnadeln. Die am weitesten verbreiteten Formen waren die **Schwanenhalsnadeln** und Nadeln mit einfacher oder doppelter Spirale wie die **Brillennadeln**.

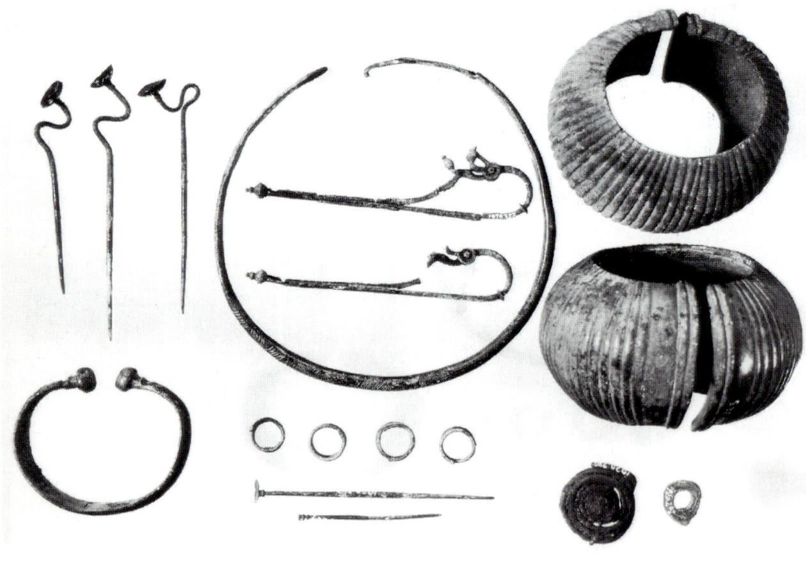

Schwanenhalsnadeln, Fibeln, Hals- und Armringe aus Frauengräbern, Beilngries bei Eichstätt (Oberbayern)

Fibeln, mehr als nur Sicherheitsnadeln

Ein wichtiger Bestandteil der keltischen Tracht waren die Fibeln. Sie waren meist aus Bronze, manchmal aus Eisen und selten aus Gold oder Silber.

Die Fibeln wurden sowohl als Sicherheitsnadel benützt als auch als Schmuckstück getragen. Je nachdem wie dick das Obergewand, das Tuch oder der Mantel war, den sie zusammenhalten mußten, schwankte ihre Länge zwischen 9 mm und 16 cm. Da sich die Fibelmode relativ oft veränderte, sind die in Gräbern gefundenen Fibeln heute ein wichtiges Hilfsmittel bei der zeitlichen Einordnung der Bestattung.

Zu Beginn der Hallstattzeit waren Fibeln noch relativ selten. Was ausgegraben wurde, waren vor allem Brillenfibeln, wie sie schon in der Bronzezeit üblich waren, Schlangenfibeln und Mondfibeln mit herunterhängenden Klapperblechen.

Gegen Ende der Hallstattzeit setzten sich die Fibeln gegenüber den Gewandnadeln immer stärker durch. Es gab verschiedene Fibeltypen: Kahn-, Bogen-, Schlangen-, Pauken- und Fußzierfibeln. Bügel und Nadel bestanden dabei aus einem Stück. Zusätzlich konnten noch hohle Fußknöpfe und Bügelscheiben aufmontiert sein.

Bronzefibel mit Tierfiguren und Klapperblech, Wilzhofen bei Weilheim (Oberbayern)

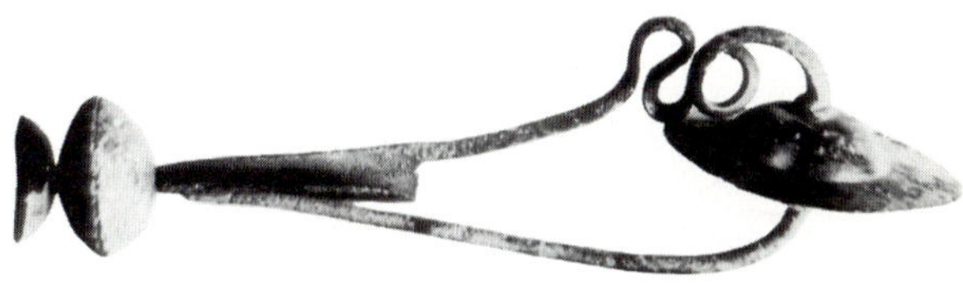

Schlangenfibel, Beilngries bei Eichstätt (Oberbayern)

Gürtel

Zur Tracht der Keltinnen gehörten auch Gürtel. Sie reichten von **Stoff- und Ledergürteln,** die man einfach zusammenschnürte, über solche mit einfachen Bronzehaken bis zu 20 cm breiten Ledergürteln, auf die verzierte **Gürtelbleche** aufgenietet waren.

Diese Gürtelbleche waren aus Bronze und mit geometrischen und manchmal auch mit figürlichen Mustern versehen. Daneben fand man Leibringe aus Bronze oder Eisen und bronzene Gürtelketten, als Gürtelschmuck Ringe, Kugeln, Zierscheiben oder Hohlwulstringe.

Ausschnitt eines mit Menschen verzierten Gürtelbleches aus Bronze, Schippach bei Obernburg am Main (Unterfranken)

Bronzener Hohlwulstring mit Resten des Tonkerns, Durchmesser 16 cm, wahrscheinlich aus Planegg bei München (Oberbayern)

Frauen in der Latènezeit

Wie die Frauen der Hallstattzeit so trugen auch die in einem Grab von Straubing-Alburg gefundene Tote der Latènezeit einen Gürtel, Fibeln sowie Arm- und Beinringe.

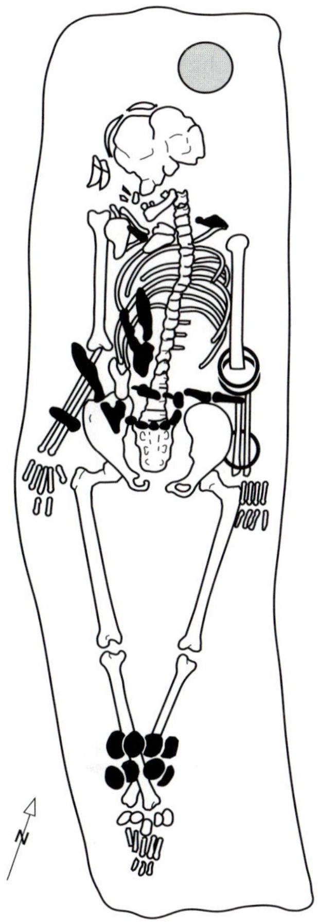

Lageplan des Frauengrabes aus Straubing-Alburg (Niederbayern)

Frauentracht nach dem Grabfund aus Straubing-Alburg (Niederbayern)

Halsringe

Obwohl der Halsring in antiken Berichten und auf bildlichen Darstellungen immer als Schmuck der keltischen Krieger auftaucht, fand man in der frühen Latènezeit Halsringe auch in vielen Frauengräbern. Es waren röhrenförmige Ringe aus dünnem Bronzeblech um einen Holzkern, runde massive Drahtringe mit oder ohne verdickte Enden oder aus Drähten gewundene Halsringe. Die Enden waren offen oder konnten ineinandergesteckt werden, manchmal waren sie auch durch ein Bronzeringchen miteinander verbunden.

Arm- und Beinringe

Neben Armringen aus Bronze tauchten in der Latènezeit auch solche aus Eisen und Glas auf, während gedrechselte Ringe aus Pechkohle immer seltener wurden. Beliebt waren Armringe mit Rippen, Knoten, Perlen oder kugelförmigen Wülsten. Besonders eindrucksvoll aber waren die aus Bronze gegossenen, großen Hohlbuckelringe um die Fußgelenke. Sie besaßen einen einfachen Verschluß, so daß die Trägerin sie ohne Probleme öffnen und ablegen konnte.

Halsring mit Pufferenden , Manching-Hundsrucken (Oberbayern)

Zum Anlegen des Fußringes (Durchmesser 6,8 cm) ließ sich der Ring auseinandernehmen, Klettham bei Erding (Oberbayern).

Armreifen aus Glas

Die Kunst, aus Quarzsand oder quarzhaltigem Gestein und Soda mit Beigabe von Kalk Glas herzustellen, tauchte bei den Kelten im nördlichen Alpenvorland etwa um 400 vor Christus auf. Die Herstellung und Verarbeitung von Glas blieb dabei jedoch nur auf Perlen und Armringe beschränkt. Durch Zugabe von unterschiedlichen Metallsalzen gelang es den Kelten, Glas blau, rot, purpurfarben, gelb und grün zu färben. Selten kommt entfärbtes Glas vor. Wie die Glasarmreifen, die ab 200 vor Christus gehäuft auftraten, hergestellt wurden, ist noch ungeklärt.

Armringe aus Glas, Manching (Oberbayern)

Gürtelketten

Eine bemerkenswerte Entwicklung machte die Gürtelmode durch. Neben einfachen Gurten aus Stoff oder Leder mit Metallverschlüssen fanden sich gehäuft mehrgliedrige Gürtelketten aus Bronze und Eisen. Die sehr langen Gürtel waren entweder nur aus einfachen Ringgliedern zusammengefügt oder bestanden aus Ringen und stäbchenförmigen Zwischengliedern. Wie der Gürtel getragen wurde, ergab sich dabei aus der immer wiederkehrenden Lage der Gürtel in den Gräbern und den Nebenhaken am Gürtel. Sie zeigen, daß ein kurzes Stück vom Kettenende frei herabhing.

Bronzene Gürtelkette, Mitterndorf bei Dachau (Oberbayern)

Masken- und Tierkopffibeln

Unter der großen Zahl sehr verschiedenartiger Fibeln der Latènezeit fallen die besonders schön gestalteten **Masken-** und **Tierkopffibeln** der Frühzeit auf. Sie trugen unverkennbare keltische Züge. Sie waren aus mehreren Einzelgliedern zusammengesetzt. Der plastisch gestaltete Fibelbügel wurde nach dem Prinzip der 'Verlorenen Form' in Wachs ausgeformt, mit Ton ummantelt, das Wachs aus der Tonform ausgeschmolzen und dann in Bronze ausgegossen. Das Kopfende des Bügels war durchbohrt und hielt eine Eisenachse mit zwei dicken Endknöpfen aus Bronze. An der Eisenachse wurde die Spirale befestigt, die in der Nadel auslief.

Bronzefibeln aus der frühen Latènezeit (Länge 4,6 cm), Kleiner Knetzberg Ldkr. Haßberge (Unterfranken); rechts: Detail

Von Kindergräbern und Kindermode: Die Kleidung der Kinder

Da Kindergräber selten gefunden worden sind, wissen wir auch wenig über die Kindermode. Aufgrund der Grabbeigaben (Ringe und Fibeln) darf jedoch angenommen werden, daß Kinder ähnlich wie Erwachsene gekleidet waren. In der Hallstattzeit enthielten die Kindergräber sowohl Kinderschmuck als auch Gegenstände, die man normalerweise in Gräbern der Erwachsenen fand, sowie eine Vielzahl von Amuletten. Klapperkugeln sollten böse Einflüsse abwehren. Daneben wurden den Kinder zuweilen auch Spielsachen wie kleine Becher und Näpfe oder tönerne Saugfläschchen mit ins Grab gelegt.

Reicher Grabschmuck eines 7 - 10 Jahre alten Mädchens. Da es wohl eines besonderen Schutzes vor den Gefahren bedurfte, trug es viele Amulette, Hallein-Dürrnberg (Österreich).

Von blonden Haaren und dichten Schnauzbärten: Die Haar- und Barttracht der Männer

Besonders beeindruckt waren die griechischen und römischen Schriftsteller von der Bart- und Haartracht der Kelten. Diodor berichtet:

"*Das Haar ist nicht nur von Natur aus blond, sondern sie verstärken diese eigentümliche Farbe noch durch künstliche Behandlung. Sie waschen nämlich die Haare immerfort mit Kalkwasser und streichen es von der Stirn rückwärts gegen Scheitel und Nacken, so daß ihr Aussehen dem der Satyrn und Pane gleicht. Die Haare werden von dieser Behandlung immer dicker, so daß sie sich von einer Pferdemähne nicht mehr unterscheiden.*"

Über die Barttracht der Männer schreibt Diodor:

"*Den Bart scheren einige ganz ab, andere lassen ihn zu mäßiger Größe wachsen. Ihre Edlen rasieren sich die Wangen, den Schnauzbart dagegen lassen sie lang wachsen, so daß der Mund ganz verdeckt ist.*"

Daß die keltischen Männer ihre Haare und ihren Bart pflegten, belegen Grabfunde wie Rasiermesser, Scheren, Kämme, Pinzetten und Toilettebestecke. Ob die Kelten unserer Heimat ihren Körper bemalten oder tätowierten, entzieht sich unserer Kenntnis, da sich in den Gräbern nur noch Skelette befinden.

Kopf eines Kelten. Münzbild eines "Regenbogenschüsselchen" aus Manching? (Oberbayern)

Kopf eines Kelten aus Stein, Mšecké Žehrovice (Tschechische Republik)

Kopf eines Kelten. Bronzebeschlag eines Holzbehälters, Moserstein bei Hallein-Dürrnberg (Österreich)

Von Lanzen und Schwertern, Wurfspeeren und Streitwagen: Die Ausrüstung der Krieger

Über das Aussehen, die Bewaffnung und die Kampftechnik der keltischen Krieger sind wir viel besser informiert als z.B. über die Tracht der Frauen. Neben zahlreichen Grabfunden und Weihegaben aus dem gesamten keltischen Jahrtausend gibt es nämlich seit dem 3. Jahrhundert vor Christus auch ausführliche antike Beschreibungen und bildliche Darstellungen der keltischen Krieger. So schreibt z.B. Diodor über die Bewaffnung der keltischen Krieger:

"Als Waffen führten sie Schilde von Mannshöhe, die eigentümlich bemalt sind; an einigen sind wohl ausgearbeitete, eherne Tiergestalten in erhabener Arbeit angebracht, die nicht nur als Zierat, sondern auch zum Schutz dienen.

Den Kopf bedecken sie durch eherne Helme mit hochragenden Aufsätzen, weshalb sie außerordentlich groß erscheinen. Einige tragen nämlich angeschmiedete Hörner, andere die Köpfe von Vögeln oder vierfüßigen Tieren...

Etliche tragen einen eisernen Ringpanzer, andere haben keinen Panzer als ihre Haut und fechten nackt...

Sie werfen Speere, die sie Lanzen nennen und deren Eisen eine Elle lang ist, der Schaft noch länger; sie sind nicht viel weniger als zwei Hände breit... Die Speere sind bald gerade geschmiedet, bald gewunden wie eine Schraube und mit Auszackungen nach allen Seiten, so daß sie beim Auftreffen nicht nur in das Fleisch

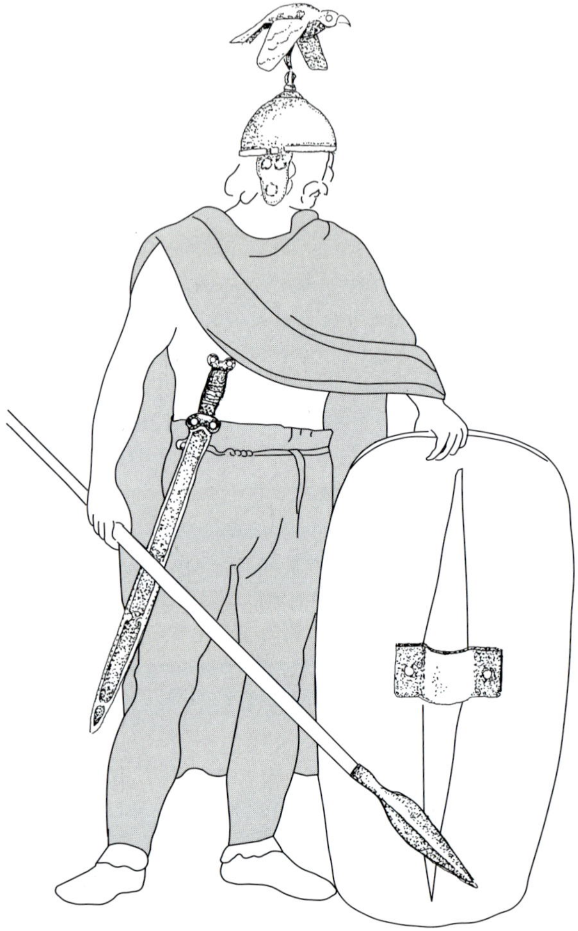

Keltischer Häuptling nach Funden aus dem 2. - 1. Jahrhundert vor Christus

einschneiden, sondern dasselbe förmlich zerreißen und beim Herausziehen die Wunde noch vergrößern."

Was wir über die Kriegsausrüstung der frühen Kelten aus der Hallstattzeit (bis um 500 vor Christus) wissen, stammt fast ausschließlich aus Grabfunden, da es in dieser Zeit noch keine schriftlichen Quellen gab.

Dolch (Länge 39 cm), Grafrath (Oberbayern)

Steinerne Grabstele eines Mannes aus der Hallstattzeit (Höhe noch 1,5 m). Zu erkennen sind ein Leibgurt mit Dolch, ein Halsring und ein Kegelhut, Ditzingen-Hirschlanden bei Ludwigsburg (Baden-Württemberg).

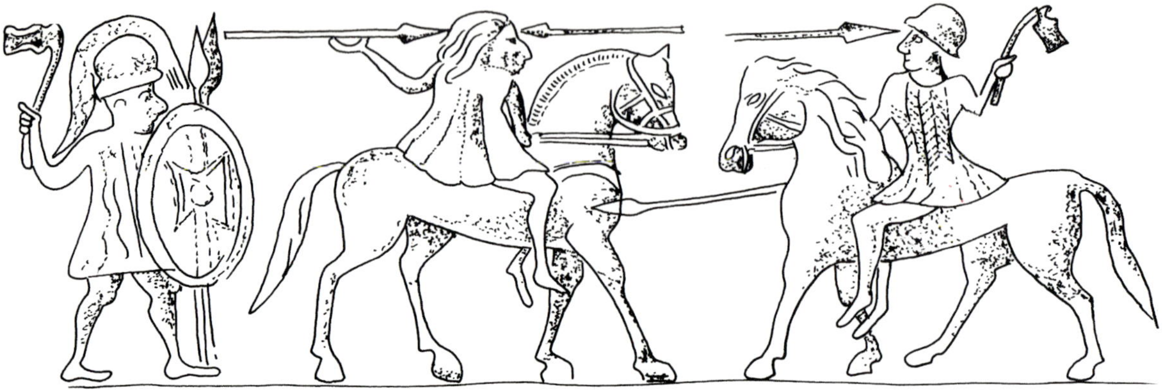

Reiterkampf mit Lanzen und Beil, Zeichnung nach einem bronzenen Gürtelblech

Im 8. - 7. Jahrhundert vor Christus bildeten große **Langschwerter** die alleinige Bewaffnung. Sie waren die Kennzeichen der 'großen Bauern' oder 'Häuptlinge'. Der einfache Mann der Hallstattzeit bekam keine Waffen mit ins Grab. Im 6. Jahrhundert vor Christus fanden sich unter den Grabbeigaben einiger 'Häuptlinge' oder 'Großhäuptlinge' **Dolche**. Anderen wurden stattdessen **Lanzen**, **Beile** sowie Pfeil und Bogen für das Jenseits mitgegeben. Doch die Mehrzahl der Männergräber war waffenlos.

Bronzebeil (Länge 12,5 cm), aus der Hallstattzeit, Eglfing bei Weilheim (Oberbayern)

Waffen aus der Hallstattzeit, gefunden an verschiedenen Orten in Bayern

Kriegszug, Zeichnung nach einer verzierten Schwertscheide, Hallstatt (Österreich)

Mit dem Beginn der Latènezeit (also von 500 vor Christus an), änderte sich die Bewaffnung. Wir finden nun außer den schon aus der Hallstattzeit bekannten Pfeilen und Bogen **Schwerter**, **Lanzen**, **Wurfspeere**, **Helme**, ovale **Holzschilde** und in den Gräbern der Vornehmen zweiräderige **Streitwagen.** Die Einführung und der Gebrauch der neuen Waffen war eine Folge der kriegerischen Auseinandersetzungen der Kelten mit den Völkern des Mittelmeeres. Was sich im Kampf mit ihnen als brauchbar herausgestellt hatte, wurde übernommen und setzte sich schnell bei allen keltischen Stämmen durch.

Lanze

Von den bis zu 2,50 m langen Lanzen und mannshohen Speeren der Kelten haben sich vor allem die eisernen Spitzen und Lanzenschuhe erhalten.

Eiserne Lanzenspitzen (Länge der linken Spitze 40 cm) aus der Latènezeit, Manching (Oberbayern)

Schwert

Waren die zum Teil stumpfen, zum Teil spitzen Schwerter der Hallstattzeit mit einer Länge von etwa 80 cm sowohl als Stich- wie auch als Hiebwaffen zu gebrauchen, so wandelten sie sich im Laufe der Latènezeit zu reinen Hiebschwertern, die abgerundete Enden besaßen. Der Griff hatte die Form eines langgezogenen X und war meistens aus Holz, seltener aus Eisen oder Bronze.

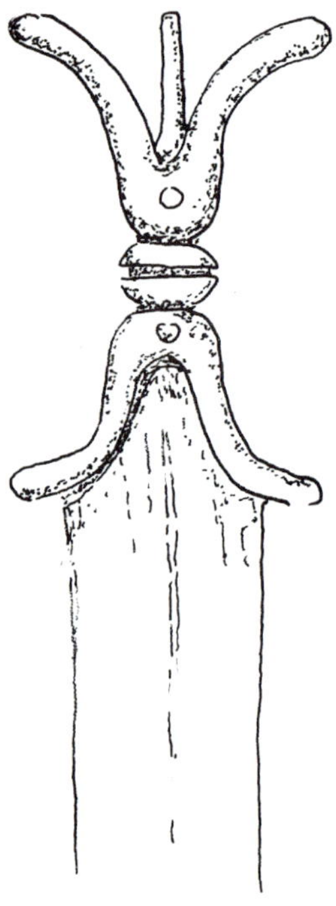

Schwertgriff, Klučov (Böhmen)

Eisenschwerter aus der Latènezeit, verschiedene Fundorte in Bayern

Daß die Waffenschmiede der Latènezeit alle Vorteile des Werkstoffes Eisen kannten und ausnutzten, zeigt sich in der jetzt wesentlich besseren Qualität der Schwerter. So schmiedeten sie die Klingen oft aus mehreren Lagen unterschiedlich harten Eisens zusammen oder verstärkten sie in der Weise, daß sie Schneiden aus härterem Eisen anschmiedeten. Diese neue Verarbeitungstechnik führte dazu, daß sich die Schwerter nun weniger leicht verbogen und nicht so schnell stumpf wurden. Wie stolz ein Krieger auf sein Schwert war, zeigen z.B. vergoldete Schlagmarken und eingravierte oder geätzte bildliche Darstellungen an den Klingen und Schwertscheiden.

Das Schwert, das oft rechts getragen wurde, steckte in einer verzierten Scheide aus getriebenem Bronze- oder Eisenblech. Es hing an einem Lederriemen, der wiederum an einer eisernen Kette hing und an einem Ledergürtel befestigt war.

Oberteil einer eisernen Schwertscheide mit drei Vogelköpfen, München-Obermenzing (Oberbayern)

Schild

Seit wann der Schild zur Standardausrüstung der Kelten gehörte, ist unbekannt. Die ältesten Belege, daß sie zur Verteidigung Schilde benützt haben, stammen erst aus der Mitte des 5. Jahrhunderts, also aus der frühen Latènezeit. Es handelte sich dabei meist um kleine ovale Holzschilde (40 cm x 50 cm) mit Lederüberzug, die durch Metallbeschläge verstärkt waren.

Waren die frühen Schilde relativ klein, so wurden sie im Laufe der Jahrhunderte immer länger, bis sie im 1. Jahrhundert vor Christus fast mannsgroß waren. Neben der ovalen Form fällt vor allem die spindelförmige hölzerne Mittelrippe auf, die durch einen breiten Schildbuckelstreifen aus Eisen verstärkt wurde und die Hand schützen sollte.

Eisener Schildbuckel aus Manching, Ldkr. Pfaffenhofen an der Ilm (Oberbayern)

Schild mit eisernem Schildbuckel, Zeichnung nach einem Standbild aus Mondragon (Frankreich)

Brustpanzer

Wenn berichtet wird, daß die keltischen Krieger nackt oder mit freiem Oberkörper in die Schlacht zogen, so mag dies wohl in den beschriebenen Einzelfällen stimmen, darf jedoch nicht verallgemeinert werden, da man in Gräbern auch Reste von Brustpanzern gefunden hat. Waren sie anfänglich aus Hanf geknüpft oder aus Leder gefertigt und zusätzlich mit Bronzescheiben versehen, so gab es seit dem 3. Jahrhundert vor Christus auch Kettenhemden aus Eisen. Da diese aber in der Herstellung sehr aufwendig waren, konnten sich nur wohlhabende Heerführer und Krieger einen solchen Kettenpanzer leisten.

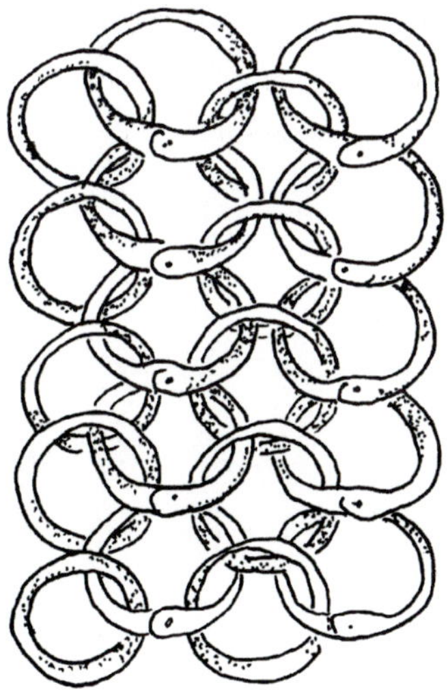

Ringe eines Kettenhemdes

Krieger im Kettenhemd mit Halsring, Schild und Schwert, Zeichnung nach einem Standbild aus Vachères (Frankreich)

Helm

Die Kelten trugen verschiedene Helme, so z.B. spitz zulaufende, kegelförmige oder halbrunde Helme. Sie waren in der Regel aus Leder, seltener aus Bronze oder Eisen.

Das besondere Merkmal der Metallhelme des 5. Jahrhunderts vor Christus war ihre spitze Kegel-Form mit kurzem Nackenschutz. Sie waren aus Bronzeblech getrieben und hatten lederne Wangenklappen. Mit einer Höhe von bis zu 30 cm gehörten sie wahrscheinlich zur Ausrüstung der Krieger zu Pferde oder zu Soldaten auf einem Streitwagen. Die Helme des 4. und 3. Jahrhunderts hatten meist die Form einer Halbkugel und liefen mehr oder weniger spitz zu. Sie waren in der Regel aus Eisen. Auffallend ist, daß sie nun einen kräftigeren Nackenschutz hatten und die verzierten Wangenklappen ebenfalls aus Metall waren.

Halbkugliger Bronzehelm, Hallein-Dürrnberg (Österreich)

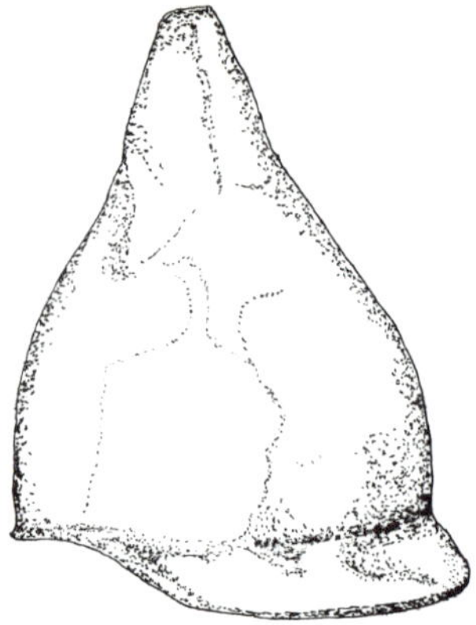

Bronzener Spitzhelm aus dem Main bei Garstadt (Unterfranken)

Vom 1. Jahrhundert vor Christus an wurden die halbkugelförmigen Eisenhelme einfacher und sahen mit ihren ausgeschnittenen Wangenklappen wie römische Legionärshelme aus.

Rätischer Bronzehelm mit alter Reparatur, Saulgrub bei Garmisch-Partenkirchen (Oberbayern)

Streitwagen

Neben den Soldaten zu Fuß und der Reiterei spielten die Krieger auf den Streitwagen in der Schlacht eine wichtige Rolle.

Wie bildliche Darstellungen und Grabfunde belegen, waren die hölzernen Streitwagen zweiräderig. Ihre Räder hatten einen Durchmesser bis zu 1 m und der Wagenkasten mit Seitenaufbau eine Fläche von etwa 1 m x 1,50 m.

Über den Einsatz der Streitwagen berichtet uns Diodor:

"Um sich zu bewegen und zu fechten, benutzten sie Wagen mit zwei Pferden, auf denen der adlige Krieger mit seinem Wagenlenker stand. Bei der Begegnung mit feindlichen Reitern warfen sie sofort Speere, sprangen vom Wagen und kämpften zu Fuß weiter..."

und später Caesar:

"... sie parieren die Pferde im vollen Lauf, selbst auf ziemlich steilen Hängen, machten kurze Wendungen, laufen auf der Deichsel hin und her, stellen sich auf das Joch und sind von da aus rasch wieder im Wagen."

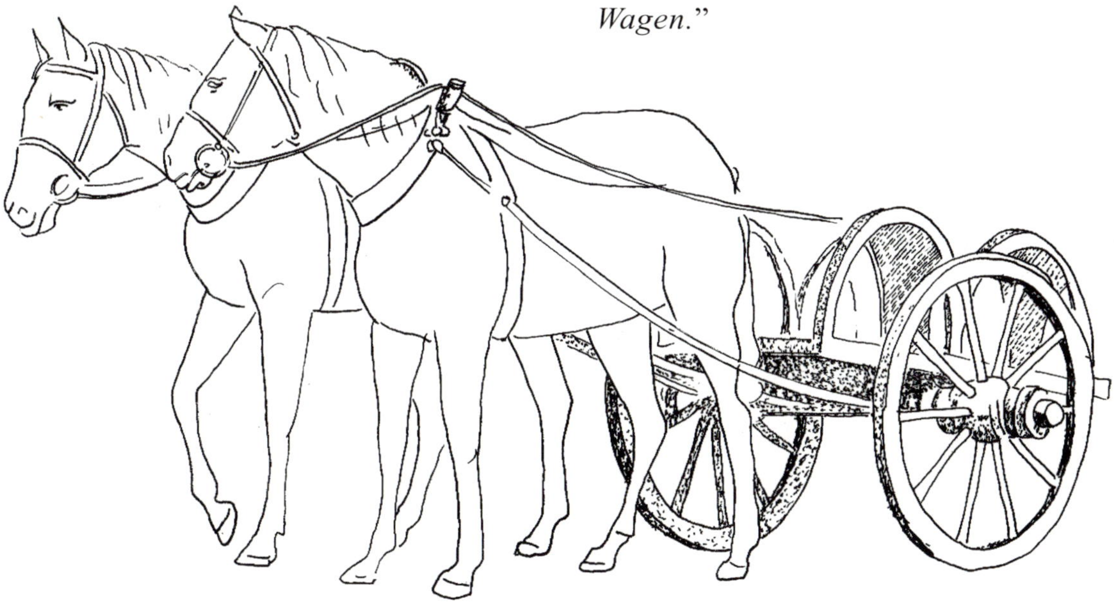

Streitwagen nach einer Grabstele aus Padua (Italien) und Funden aus der Schweiz

Feldzeichen und Blasinstrumente

In der Schlacht griffen Krieger zu Fuß, Reiterei und Streitwagenkrieger ihre Gegner blitzschnell und anscheinend ungeordnet an, brachten deren Schlachtordung durcheinander, kämpften wie in Trance Mann gegen Mann und zogen sich dann schnell wieder zurück. Im Nahkampf schwangen sie ihre Schwerter wild über ihren Kopf und schlugen von oben auf den Gegner ein. Nach dem Kampf schlagen sie, wie Diodor berichtet:

"den gefallenen Gegner den Kopf ab und binden ihn an den Hals des eigenen Pferdes. Dann übergeben sie dieses blutende Beutestück ihren Schildträgern, die es wegtragen, während die Krieger Siegesgesänge anstimmen. Sind sie wieder nach Hause zurückgekehrt, so nageln sie diese Trophäen an die Wand."

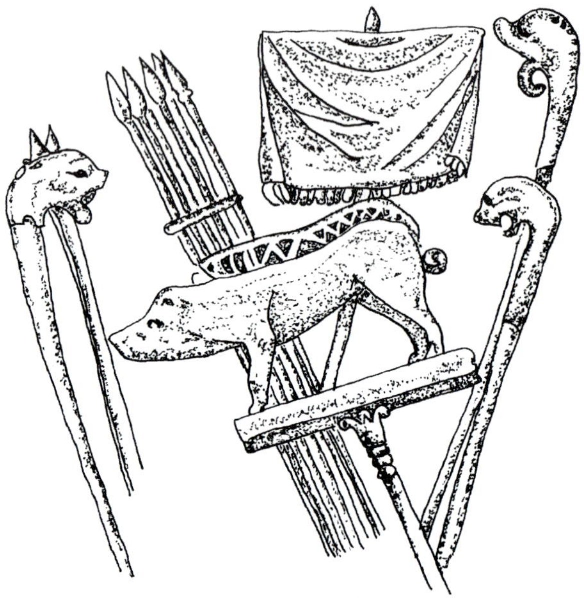

Lanzen, Schilder, Feldzeichen und Signalhörner, Zeichnung nach einer Darstellung auf dem römischen Triumphbogen aus Orange (Frankreich)

Daß die Kelten aber nicht nur wild und blindlings auf ihre Gegner einstürmten, wie ihre Feinde behaupteten, sondern auch geordnet angreifen und kämpfen konnten, zeigen Feldzeichen mit Tierdarstellungen, Fahnen an Lanzen mit verzierten Lanzenspitzen und lange Signalhörner mit Schalltrichtern in Form eines Tierkopfes. Mit ihnen wurden in der Schlacht die Befehle gegeben.

Über den Klang der Signalhörner schreibt Diodor:

"Ihre Trompeten haben einen eigenen barbarischen Klang. Denn sie blasen stark hinein und bringen rauhe Töne hervor, die mit dem Kriegsgetümmel wohl übereinstimmen."

Wie lebten die Kelten?

Von Gehöften, Weilern und Dörfern: Die Siedlungen

Die Kelten siedelten dort, wo es fruchtbares Ackerland gab. Sie errichteten ihre **Gehöfte** und **Dörfer** gerne auf Hügeln und sanften Hängen oberhalb von Bächen und Flüssen. Neben den bäuerlichen Ansiedlungen findet man in der **Hallstattzeit** und **frühen Latènezeit** stark befestigte Höhensiedlungen.

Diese Wehrsiedlungen und Burganlagen waren der Sitz mächtiger Fürsten und Herrscherfamilien.

Ihre Macht und ihr Wohlstand gründeten sich vor allem auf einen weit reichenden und gut funktionierenden Handel und ein blühendes Handwerk.

Während sich einzelne Gehöfte und kleine Ansiedlungen wie Weiler und Dörfer sowohl in der Hallstattzeit wie auch in der Latènezeit nachweisen lassen, wurden in der **frühen Latènezeit,** ab etwa 500 vor Christus, die meisten hallstattzeitlichen Höhenfestungen zu stadtartigen Siedlungen vergrößert.

Nach griechischem und römischem Vorbild gründeten sie im 2. Jahrhundert vor Christus große, stadtähnliche Siedlungen mit Wehranlagen, die sogenannten **Oppida**. Ihre Macht und ihr Reichtum stützten sich, wie bereits zur Hallstattzeit, zum einen auf einen weiträumigen Handel und zum anderen auf große, leistungsfähige Handwerksbetriebe.

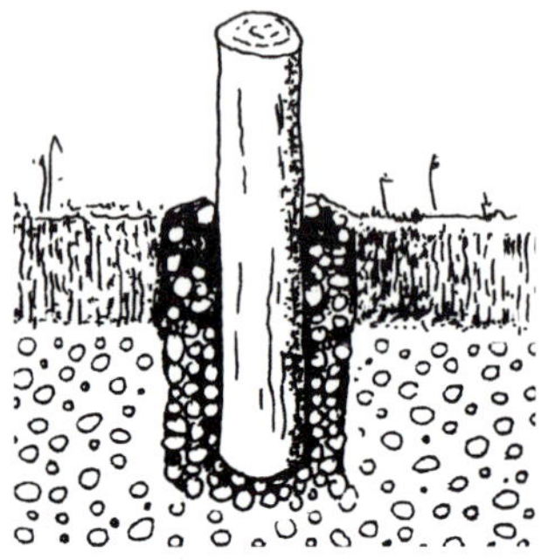

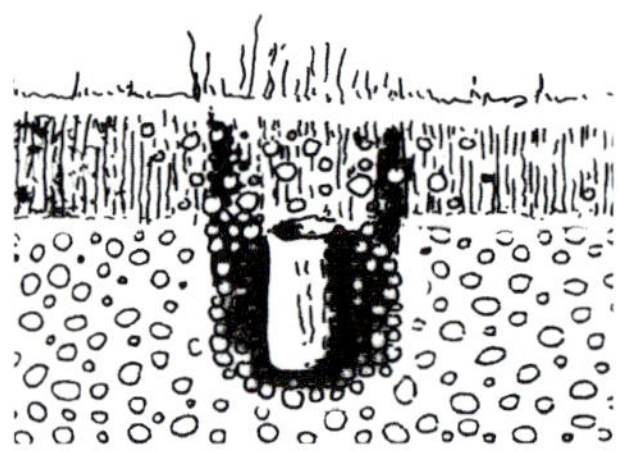

In der gesamten Hallstatt- und Latènezeit war der Weiler, bestehend aus mehreren Gehöften, die weitverbreitetste Siedlungsform. Daneben gab es Einzelgehöfte und großzügig geplante Dorfanlagen.

Da sich von den Häusern bis auf die ehemaligen Pfostenlöcher, in denen die Holzpfosten der Häuser im Boden verankert waren, kein keltisches Haus erhalten hat, können wir uns nur ein ungefähres Bild von keltischen Behausungen machen. Eine weitere Schwierigkeit ergibt sich bei der Bestimmung der einzelnen Gebäudetypen wie Wohnhaus, Stallungen, Scheunen, offene Schuppen, Speicher- und Vorratsbauten.

Vergleicht man die Grundrisse einzelner Gebäude aus der Hallstattzeit, so stellt man fest, daß die Häuser häufig einen rechteckigen Grundriß besaßen, aus einem Raum bestanden und bis in die mitt-

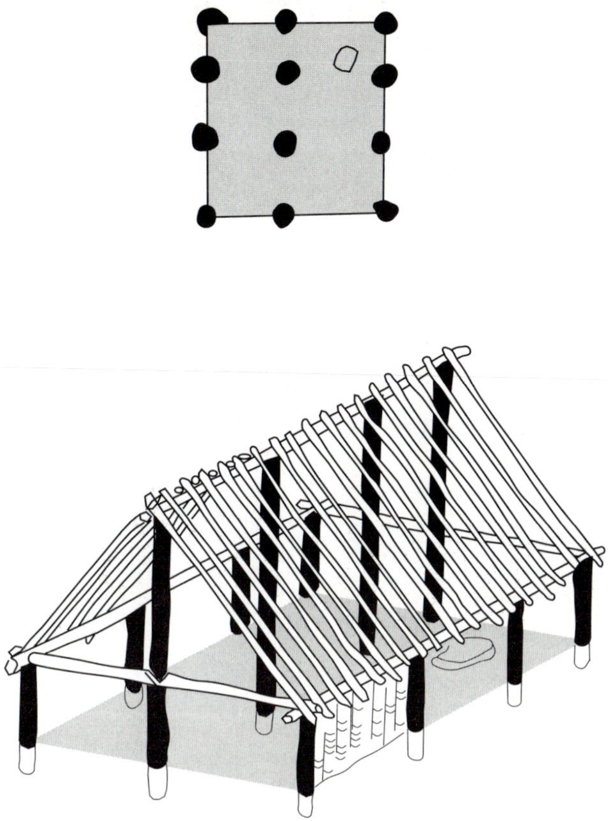

Haus mit Firstträger

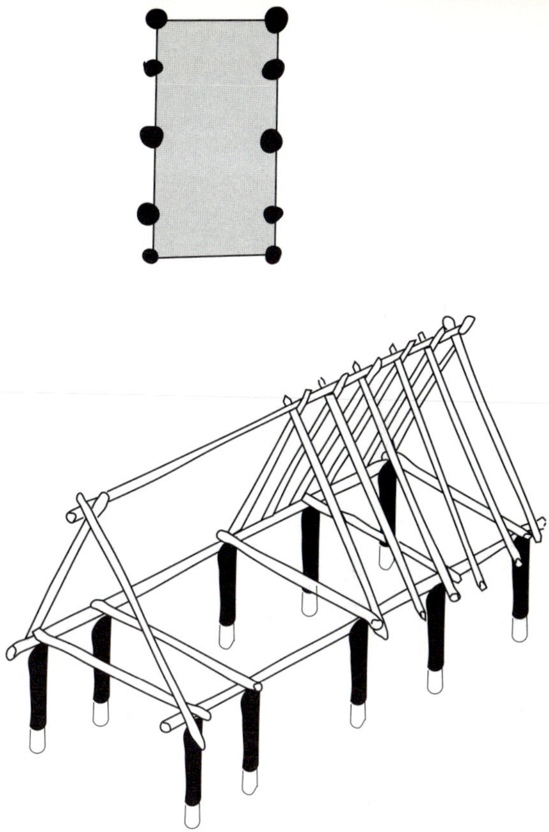

Haus ohne Firstträger

lere Latènezeit nach Nord-Süd ausgerichtet waren. Die Grundfläche schwankte zwischen 40 qm und 120 qm. Wie es scheint, waren die Wohnhäuser (man erkennt sie an ihrer Feuerstelle) wesentlich kleiner als die Stallungen und Scheunen.

Die Wohn- und Wirtschaftsgebäude wurden vorwiegend in Pfostenbauweise errichtet. Die Pfosten bildeten die Träger für die Wände aus Holz und Lehm und für die stroh- oder schilfgedeckten Dächer. Neben den **Pfostenhäusern** bauten die Kelten aber auch schon massive **Blockhäuser**.

Zu einem Wohnhaus gehörten auch immer kleinere **Vorratsgruben** oder **-keller**, die später als Abfallgruben verwendet wurden.

Ostansicht des Herrenhofes mit Torhaus, Eching bei Freising (Oberbayern)

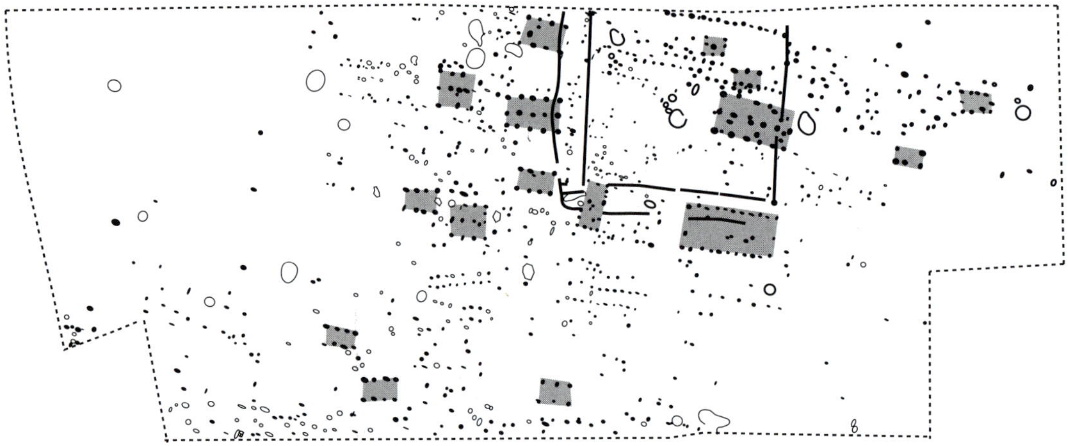

Ausschnitt aus dem Grundrißplan einer Siedlung aus der Hallstattzeit, Eching bei Freising (Oberbayern)

Wie der Lageplan zeigt, gab es inmitten der Siedlung einen mit einem Palisadenzaun abgetrennten Bezirk, in dem zwei auffallend große Häuser standen. Hierbei handelt es sich wahrscheinlich um den **Herrenhof** eines keltischen Dorfältesten.

Befestigte Herrenhöfe der späten Hallstattzeit fand man vor allem in Südbayern in und am Rand von Dörfern. Sie sind sichtbares Zeugnis der gegliederten keltischen Gesellschaft.

Von Wohntürmen und Fluchtburgen: Die befestigten Fürstensitze

In der Hallstattzeit gab es bäuerliche Ansiedlungen und stark befestigte Fürstensitze. Während die Gehöfte, Weiler und Dörfer für die Grundversorgung des Landes zuständig waren, schützten die Fürsten mit ihren Kriegern ihre Untertanen vor den Übergriffen benachbarter Herrscher.

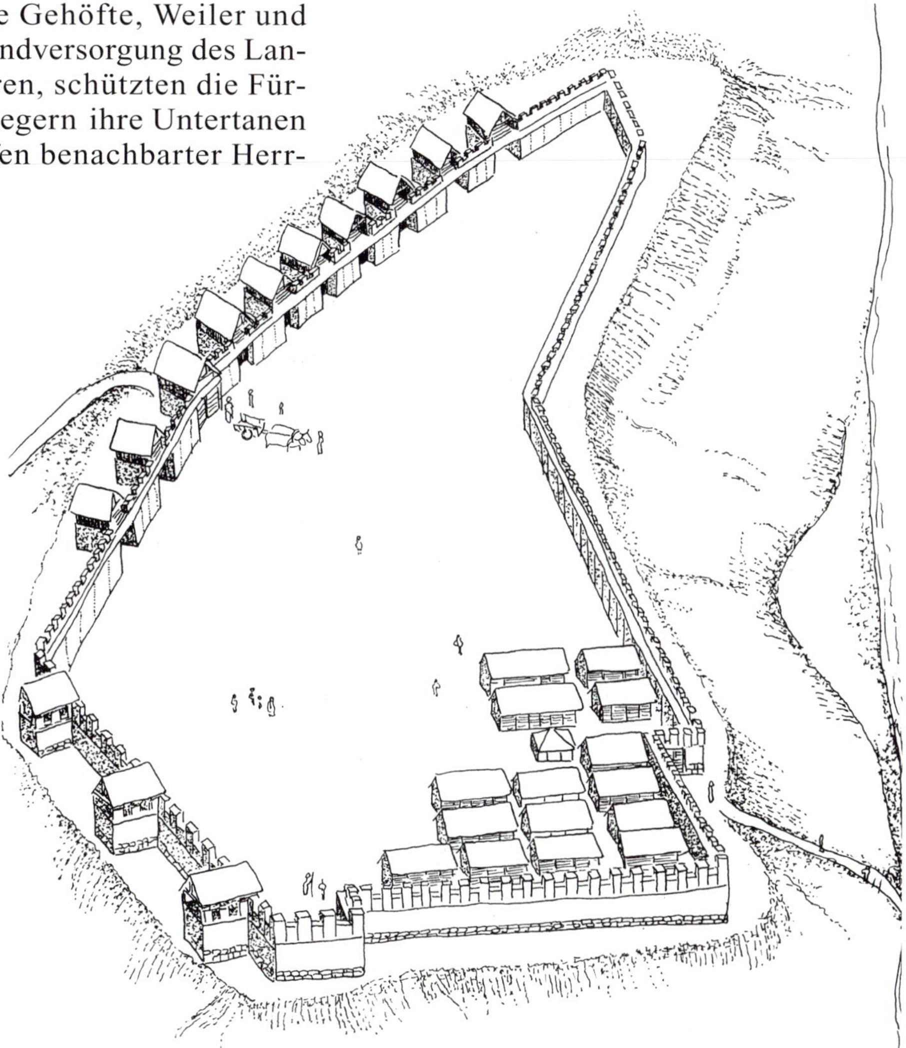

Heuneburg mit Wohntürmen (?) und Bebauung im Südosten, Darstellung nach bisherigen Ausgrabungsbefunden, Heuneburg bei Hundersingen an der oberen Donau (Baden-Württemberg)

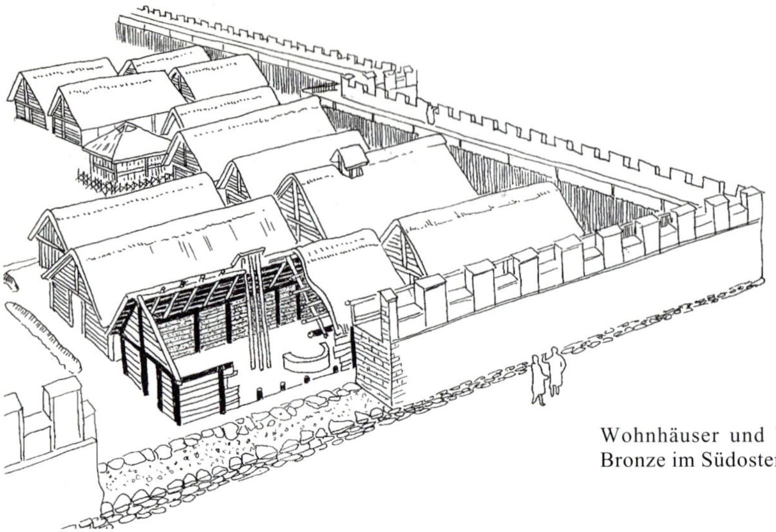

Wohnhäuser und Werkstätten für die Verarbeitung von Bronze im Südosten der Heuneburg

Daß die keltischen Fürsten dies nicht umsonst taten, belegen nicht zuletzt ihre reich ausgestatteten Gräber und die gewaltigen Befestigungsanlagen, die nur durch den Einsatz sehr vieler Menschen errichtet werden konnten.

Der Reichtum der Hallstattfürsten stammte aber nicht allein von den Abgaben ihrer Untertanen, sondern ergab sich vor allem durch den Handel mit Rohstoffen wie Kupfer, Eisen, Salz und Fertigprodukten. Daß Schmuck, Waffen und Werkzeuge aus Bronze und Eisen, kleine und große Bronzegefäße und Töpferwaren in unmittelbarer Nähe der Fürstensitze oder innerhalb dieser hergestellt wurden, kann als gesichert angenommen werden.

Die hallstattzeitlichen, befestigten Höhensiedlungen waren nicht nur Fluchtburgen, sondern vor allem auch eindrucksvolle Wohnburgen der Häuptlinge. Dies zeigt sehr eindrucksvoll die **Heuneburg** bei Sigmaringen an der oberen Donau.

Die Heuneburg, die seit der frühen Bronzezeit immer wieder befestigt und verlassen wurde, erhielt um 600 vor Christus neben einer starken Kastenmauer in Holz-Erde-Bauweise auch eine massive Lehmziegelmauer nach Vorbildern aus dem Mittelmeerraum. Diese wohl weiß getünchte Lehmziegelmauer mit 14 Wohntürmen diente weniger der Verteidigung als vielmehr der Darstellung von Macht und Reichtum des Burgherren aus der späten Hallstattzeit.

Auch wenn die in Nordbayern errichteten Wehranlagen viel bescheidenere Ausmaße haben, so zeigen auch sie, daß der Bau solcher Festungen nur durch den gewaltigen Arbeitsaufwand einer gut und straff organisierten Gemeinschaft möglich war.

Von Manching:
Die erste keltische Stadt in Bayern

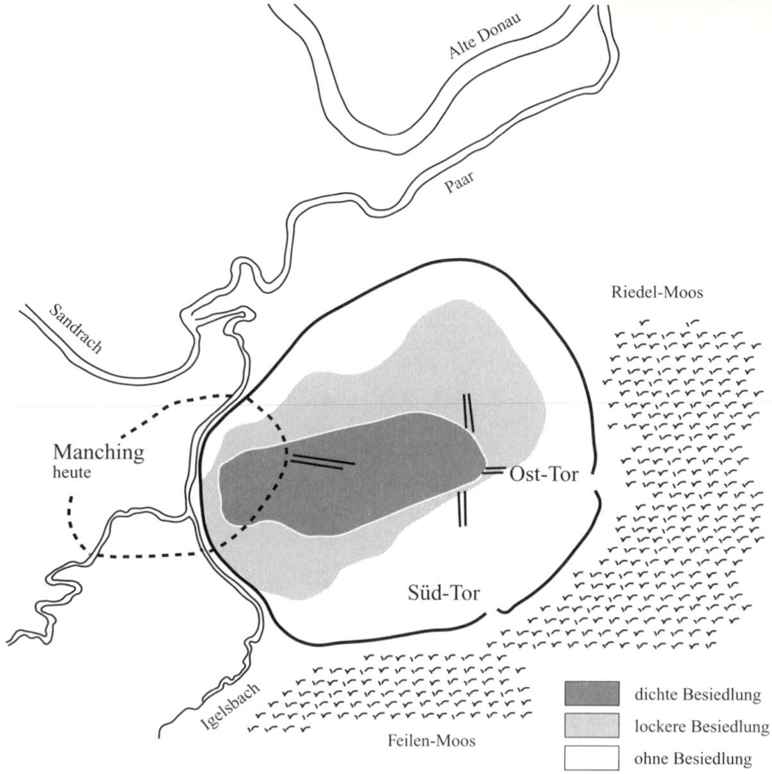

Unter dem Einfluß der Kulturen des Mittelmeers änderte sich seit dem 3. Jahrhundert vor Christus das Leben der Kelten in der Weise, daß sich anstelle der relativ kleinen Fürsten- und Adelssitze größere, befestigte Markt- und Handelszentren herausbildeten. Sie wurden der wirtschaftliche, politische und wahrscheinlich auch religiöse Mittelpunkt für die Bewohner eines Stammesgebietes.

Die mit starken Verteidigungsanlagen versehenen, stadtähnlichen Siedlungen, die Julius Caesar als **Oppida** bezeichnete, entstanden oft an den Stellen, wo sich einst befestigte Höhensiedlungen befanden, jedoch auch auf dem flachen Land. Der Höhe- und zugleich Endpunkt dieser Entwicklung hin zur Stadt wurde im 2. und 1. Jahrhundert vor Christus erreicht und endete in Bayern mit den Germaneneinfällen kurz vor oder mit dem Einmarsch der Römer.

Das wohl bedeutendste und am besten erforschte Oppidum nördlich der Alpen ist **Manching,** südlich von Ingolstadt an der Donau. Wie dieses stark befestigte Oppidum, das wahrscheinlich **die Hauptstadt des keltischen Stammes der Vindeliker** war, von den Kelten selbst genannt wurde, ist unbekannt.

Stadt der Händler, Handwerker und Bauern

Wie der Lageplan zeigt, waren wirtschaftliche und strategische Überlegungen ausschlaggebend für die Gründung des Oppidums auf dem flachen Land. So lag Manching, wie heute auch Ingolstadt, am Schnittpunkt zweier Handelswege in Nord-Süd- sowie in Ost-Westrichtung. Geschützt durch Flüsse und Moore und umgeben von einer 7 km langen Mauer, konnten die Herren von Manching den gesamten Handel auf, entlang und über die Donau kontrollieren. Daß Manching das wohl bedeutendste Handels- und Wirtschaftszentrum der späten Latènezeit nördlich der Alpen war, belegen einerseits zahlreiche aus dem Süden eingeführte Waren, wie z.B. Bronzegeschirr, Glas und Wein, andererseits auch Großschmieden, Bronzegießereien, Glaswerkstätten und Töpfereien, in denen hochwertige Massenwaren hergestellt wurden. Nicht zuletzt ist auch das Vorhandensein einer Münzprägestätte ein Beweis dafür.

Wie reich und bedeutend Manching war, zeigt sich schon an der Größe der Stadt. Mit seiner 7 km langen Stadtmauer war das "Stadtgebiet" annähernd so groß wie Rom zur Zeit des Augustus und etwa 20 mal größer als das mittelalterliche München. Wenn man ein Fußballfeld als Flächenmaß nehmen würde, entspräche die ummauerte Fläche etwa 500 Spielfeldern.

Angesichts dieser geradezu riesigen Ausmaße überrascht die geringe Bevölkerungszahl von etwa 10 000 bis 15 000 Einwohnern. Sie siedelten vor allem auf dem verhältnismäßig trockenen Schwemmland zwischen dem vermuteten West- und Osttor. Um dieses Kerngebiet lag eine weniger dicht besiedelte Zone. Die äußere Zone, ein bis zu 500 m breiter Streifen im Anschluß an die Mauer, wurde landwirtschaftlich genutzt. Sie diente wahrscheinlich als Ackerland und Viehweide. Wie große Mengen an Knochenfunden von Haustieren und bäuerlichen Arbeitsgeräten innerhalb der Stadtmauer vermuten lassen, spielte die Viehzucht eine große Rolle.

Wohn- und Gewerbegebiete

Innerhalb der bebauten Fläche fanden die Archäologen planmäßig angelegte Straßen. An ihnen lagen zu beiden Seiten regelmäßig angeordnete Wohnhäuser und Werkstätten. Weiter fällt auf, daß die verschiedenen Handwerker, wie Schmied, Bronzegießer, Glasmacher und Münzpräger, getrennt von einander in einzelnen Stadtteilen arbeiteten. Bei der Untersuchung einzelner Stadtteile fand man eine Vielzahl von verschiedenen Haustypen. Es gab ein- oder mehrräumige ebenerdige **Pfostenhäuser** mit einer Grundfläche von 40 qm bis 100 qm, die anscheinend häufig umgebaut worden waren. Neben den üblichen Pfostenhäusern dürfte es aber auch **Fachwerkhäuser** gegeben haben. Besonders hervorzuheben sind die bis zu 40 m langen und 6 m breiten **Werkstätten** für die unterschiedlichsten Handwerksbetriebe. Daneben fanden sich auch in den Boden eingelassene **Grubenhäuser**, **Speicherbauten** auf Stelzen und holzverschalte, große **Vorratsgruben**, die wahrscheinlich als Magazine genutzt wurden. Für die Holzpfosten und Balken verwendete man meist Eichenstämme, für das Flechtwerk der Wände Haselnußholz oder Weiden. Das Flechtwerk wurde noch mit Lehm abgedichtet und mit heller Farbe getüncht.

Handwerkerviertel im keltischen Oppidum von Manching

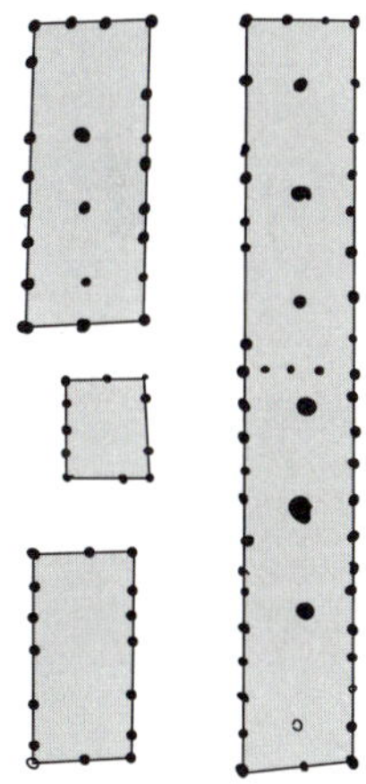

Grundrisse verschiedener Häuser in Manching

Der große Wall

Bei der Erforschung des großen Schutzwalles fanden die Archäologen heraus, daß der Verteidigungsring um Manching drei Bauabschnitte aufweist. Interessant ist, daß wir in dem älteren Verteidigungsring einen Mauertyp wiederfinden, den Iulius Caesar als "**Gallische Mauer**" genau beschrieb. Ihr Herzstück war ein Balkengerüst, das von großen Eisennägeln zusammengehalten wurde. Man füllte es mit Steinen und Erdreich und verblendete es zur "Feldseite" so mit behauenen Kalksteinen, daß nur die Balkenköpfe sichtbar blieben. Von innen schüttete man dann bis zur Mauerkrone einen Erdwall auf, der als Wehrgang genutzt werden konnte. Nachdem das Holzgerüst der gallischen Mauer morsch geworden oder vielleicht durch einen feindlichen Angriff zerstört worden war, reparierte man die Mauer und verstärkte sie mit einer neuen, höheren **Pfostenschlitzmauer**. Dazu rammte man Baumstämme senkrecht in den Boden, sicherte sie durch waagrecht verlaufende Strebebalken und füllte die Zwischenräume mit behauenen Kalksteinen aus. Die Mauer krönte eine hölzerne Brustwehr.

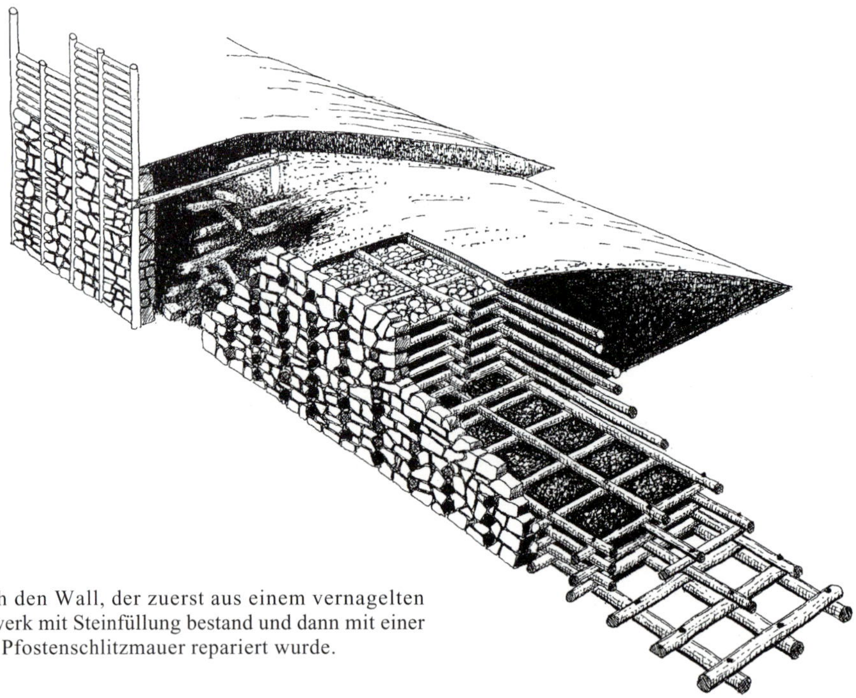

Schnitt durch den Wall, der zuerst aus einem vernagelten Holzrahmenwerk mit Steinfüllung bestand und dann mit einer vorgesetzten Pfostenschlitzmauer repariert wurde.

Ein neuer Schutzwall wird errichtet.

Welch gewaltige Arbeitsleistung und Organisation der Bau des großen Schutzwalls erforderte, sollen einige Zahlen verdeutlichen. So brauchte man für die 7 km lange Mauer etwa 120 000 Kubikmeter Kalksteine, die aus mehr als 30 km entfernt liegenden Steinbrüchen auf der Donau herangeschafft wurden, circa 60 000 Bäume nur für den Bau des Balkengerüsts, 75 Tonnen Eisenerz für die bis zu 30 cm langen Nägel und 75 Tonnen Holzkohle. Da die damaligen Schmelzöfen nur 150 Kilogramm faßten und nur einmal benutzbar waren, mußten nach und nach rund 1000 Ofenanlagen gebaut werden. Hinzu kam, daß für die Erdrampen rund 130 000 Kubikmeter Erde bewegt, also abgegraben und anderswo wieder aufgeschüttet werden mußten. Wollte man heute die Kalksteine und die Erde transportieren, so wären etwa 15 000 Eisenbahnwaggons nötig.

Am Osttor

Die typischen Tore der keltischen Oppida waren die sogenannten 'Zangentore'. Sie waren dadurch gekennzeichnet, daß das eigentliche Stadttor von der Mauer nach innen zurückversetzt und von außen nur durch eine schmale, etwa 12 m lange Gasse zu erreichen war. Die Wände der Torgasse waren dabei meist in der gleichen Weise erbaut wie die Mauer selbst.

Mitten vor dem Tor stand ein Holzpfahl. Er diente nicht etwa der Verkehrsregelung, sondern war wohl eher eine Opferstätte, um den Segen der Götter zu erflehen. Warum und wann das so stark befestigte Manching unterging, ist heute noch nicht ganz geklärt. Jedenfalls wurde sie wohl in den letzten Jahrzehnten vor Christi Geburt aufgegeben.

Von Fürsten und Druiden, Kriegern und Bauern: Das Zusammenleben der Menschen

Der Begriff des Staates oder der Nation war den Kelten unbekannt. Die größte politische Einheit war der Stamm, der in der Regel von mächtigen Adelsfamilien regiert wurde. Könige an der Spitze eines Stammes waren dagegen selten. Innerhalb eines Stammes gab es verschiedene Gesellschaftsschichten: die Ritter oder die Angehörigen der einflußreichen Herrscherfamilien, die Druiden, die sowohl Priester als auch Richter waren, und das einfache Volk.

Als sichtbares Zeichen ihrer Macht trugen die Fürsten der Hallstattzeit einen Dolch. Antennendolch: Klinge aus Eisen, Griff und Scheide aus Bronze, Unterach bei Aichach (Schwaben)

Die Fürsten

Sieht man einmal von den keltischen Stämmen in Gallien ab, die von Königen regiert wurden, so lag das Schicksal eines Stammes meistens in den Händen einiger weniger reicher Fürstenfamilien. Einfluß und Macht der einzelnen Fürstenfamilien hingen dabei von ihrer Abstammung, ihrem Vermögen und der Zahl ihrer Sklaven, abhängigen Bauern, Handwerkern und Gefolgsleuten ab.

Der Reichtum der Fürsten stammte aus den Kupfer- und Salzbergwerken und aus den Eisenerzvorkommen, die vorwiegend über Tage abgebaut wurden, sowie einem gut funktionierenden Handel mit ganz Europa.

Wie stark sich die keltische Oberschicht von ihren ‘Untertanen’, den einfachen Bauern und Handwerkern, unterschied, spiegelt sich nicht zuletzt in den reich ausgestatteten Grabhügeln der frühen keltischen Gesellschaft wider, die in der Nähe befestigter ‘Fürstensitze’ gefunden wurden.

Daß die einzelnen keltischen Fürstenfamilien sehr mächtig gewesen sein mußten, zeigen auch die gewaltigen Wehranlagen und stark befestigten Städte der späten Keltenzeit. Denn ohne eine straff organisierte Gesellschaftsordnung wären solche Großprojekte sicher nicht durchführbar gewesen.

Wie das Leben in den keltischen Städten organisiert war, erfahren wir auch von Caesar. Er berichtet, daß alle Macht in den Händen der Fürsten lag. Dieser stellte die Kriegsherren (Ritter) und die Geistlichkeit (Druiden) ebenso wie den Ältestenrat, aus dessen Reihen wohl ein Oberhaupt gewählt wurde.

Neben den Kriegsherren gehörten auch Ärzte, Rechtskundige, Baumeister und Kunsthandwerker, Priester und Sänger zur gebildeten Oberschicht.

Die Druiden

Eine sehr bedeutende Rolle innerhalb der keltischen Gesellschaft spielten die Druiden. Sie waren Priester, Richter, Ärzte, Philosophen, Sterndeuter, sie bewahrten und überlieferten die keltische Tradition.

Da das Aufgabengebiet der Druiden sehr umfangreich war und ihr Wissen nur mündlich weitergeben wurde, das heißt in Reimen auswendig gelernt werden mußte, dauerte ihre Ausbildung mehr als 14 Jahre.

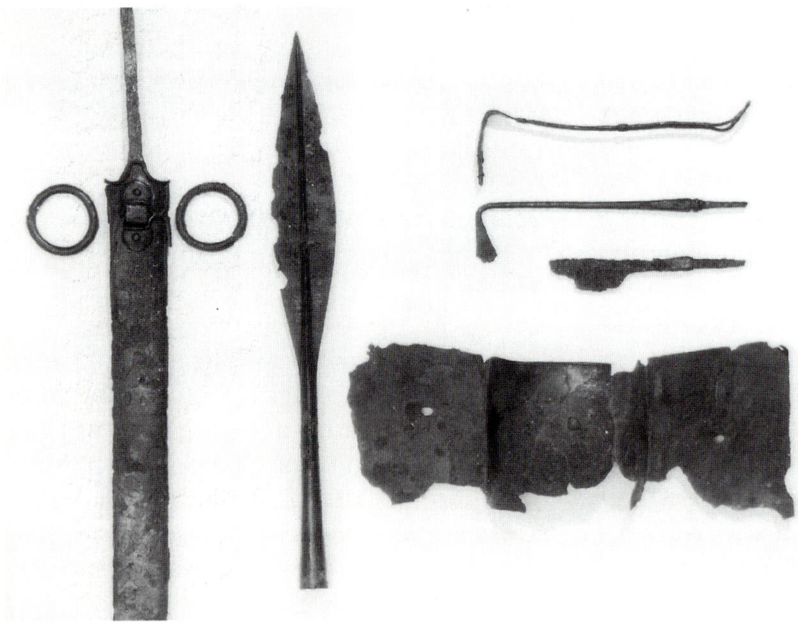

Schwert, Lanze, eiserner Schildbuckel eines Holzschildes und ärztliches Besteck weisen auf den Stand des Toten hin, München-Obermenzing (Oberbayern).

Doch lesen wir, was Caesar schreibt:

"Die Druiden sind beim Gottesdienst tätig, besorgen die Staats- und Privatopfer und geben Auskunft in Sachen des Glaubens. Bei ihnen finden sich viele junge Leute ein, um sich unterweisen zu lassen, und groß ist das Ansehen, das die Druiden bei den Galliern genießen.

In der Regel fällen sie die Entscheidungen in allen öffentlichen und privaten Streitigkeiten, und bei jedem Verbrechen, in jeder Mordsache und in jeder Erbschafts- oder Grenzstreitigkeit sind es wieder die Druiden, die die letzte Entscheidung treffen und Belohnungen oder Strafen festsetzen. Einen Privatmann oder einen Stamm, der sich ihrem Spruch nicht fügt, schließen sie von der Teilnahme an den Opfern aus. Das ist die härteste Strafe in Gallien ... An der Spitze aller Druiden steht ein einziger, der das höchste Ansehen unter ihnen genießt. Stirbt er und ist einer da, der sich vor den anderen auszeichnet, so wird er Kraft seiner Würde der Nachfolger; sind jedoch mehrere Gleichberechtigte vorhanden, so entscheidet man den Streit um die oberste Würde durch eine Wahl, die die Druiden vornehmen, bisweilen sogar durch Waffen. Zu einer bestimmten Zeit im Jahr sitzen die Druiden ... an einem geheimen Ort zu Gericht. Hier finden sich von überallher alle ein, die in Streitigkeiten verwickelt sind, und unterwerfen sich ihren Entscheidungen und Urteilssprüchen ...

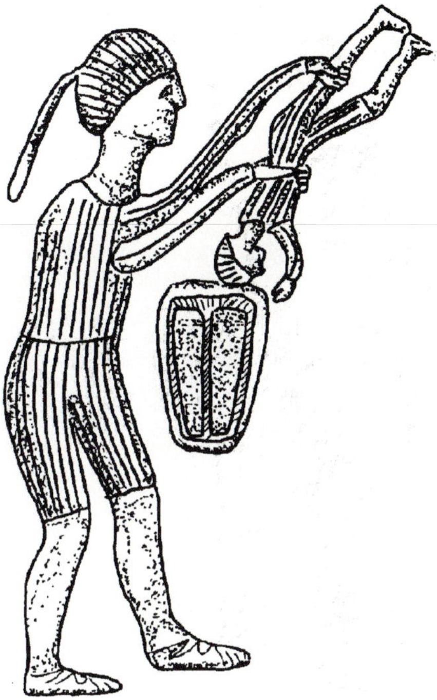

Ein Druide opfert einen Mann über einem Opferkessel oder einer Opfergrube. Ausschnittzeichnung vom Silberkessel von Gundestrup, Kopenhagen (Dänemark)

Die Druiden nehmen für gewöhnlich am Krieg nicht teil und zahlen auch, im Gegensatz zu der übrigen Bevölkerung, keine Steuern, ferner sind sie vom Kriegsdienst wie überhaupt von allen Leistungen befreit."

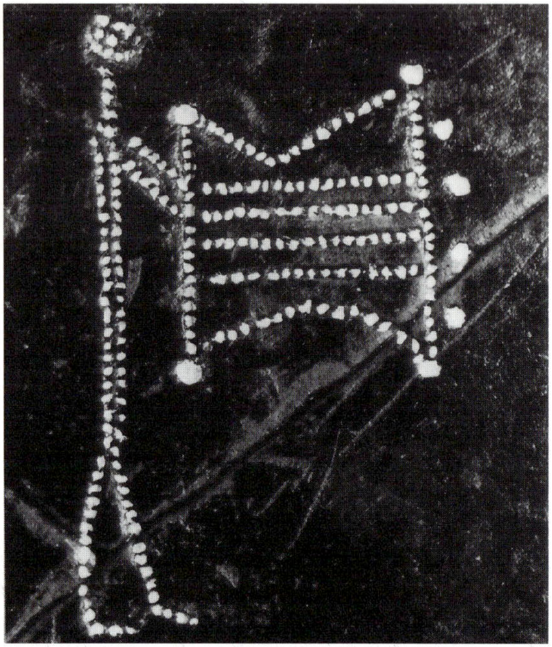

Leierspieler von der Innenseite einer Tonschale, Schirndorf bei Burglengenfeld (Oberpfalz)

Neben den Druiden gab es noch die **Vates**, die Seher, die die Zukunft vorhersagen konnten, und die Sänger und Dichter, die **Barden**. Als Sänger und Komponisten zogen sie von einem Adelshof zum anderen und priesen den Ruhm der Helden und die Macht der Götter. Auf Kriegszügen feuerten sie die Krieger an, verherrlichten die Tapferen und beklagten das Schicksal der Besiegten. Ihren Gesang begleiteten sie dabei auf Musikinstrumenten.

Das einfache Volk

Das einfache Volk setzte sich aus mehr oder weniger freien und abhängigen Stammesmitgliedern zusammen. Sie stellten vermutlich die Soldaten oder Leibgarde ihres Fürsten. Es waren einfache Handwerker, Bauern und Hirten. Als Gegenleistung schützte der Fürst seine Gefolgsleute.

Wie schlecht es dieser Bevölkerungsgruppe offenbar ging, beschreibt Caesar:

"In ganz Gallien gibt es nur zwei Stände (Ritter und Druiden), die etwas zu bedeuten haben und Achtung genießen. Denn der gemeine Mann wird fast wie ein Sklave behandelt; er wagt nichts auf eigene Faust und wird zu keiner Beratung hinzugezogen. Die meisten werden unter dem Druck der Schulden oder infolge hoher Abgaben oder von Übergriffen der Mächtigen gezwungen, sich in Knechtschaft bei den Adligen zu begeben, die ihnen gegenüber ganz dieselben Rechte haben wie bei uns die Herren gegenüber ihren Sklaven ..."

Von Ackerbau und Viehhaltung: Die Landwirtschaft

Ackerbau

Im 1. Jahrtausend vor Christus bedeckten dichte Mischwälder weite Teile unserer Heimat. In vielen Gegenden war die Buche der wichtigste Waldbaum. Je nach dem, wie der Boden beschaffen war und welches Klima vorherrschte, waren die Buchenwälder mit Eichen, Fichten, Kiefern und anderen Laubbäumen durchmischt.

Schon lange vor den Kelten begannen die Menschen, die Wälder zu roden, Felder anzulegen und Kulturpflanzen anzubauen. Der Einsatz von Arbeitsgeräten, wie Pflugscharen, Hacken, Spaten, Sicheln und Sensen aus Eisen, erleichterte die Feldarbeit.

Bäuerliches Arbeitsgerät aus Eisen: Sense, Sicheln, Harken, Pflugschar (Schweiz)

Auf den Feldern bauten die Kelten hauptsächlich verschiedene Getreidesorten an. Ihrer Bedeutung nach war Gerste die wichtigste Getreideart. Ihr folgten Dinkel, Emmer, Einkorn und Weizen. In der Latènezeit kamen noch Roggen und Hafer hinzu.

Neben diesen Getreidesorten bauten sie auch Hirse, Linsen, Erbsen, Ackerbohnen, Lein (Flachs) zur Ölgewinnung und zur Herstellung von Leinenstoffen, Waid zum Blaufärben der Stoffe und Schlafmohn zur Ölgewinnung und als Rauschmittellieferant an.

Zum Süßen der Speisen verwendeten die Kelten Honig. Daß die keltische Oberschicht gerne und ausgiebig Wein trank, ist vielfach belegt. Er wurde aber anscheinend nicht in Bayern angebaut, sondern kam in tönernen Gefäßen (Amphoren) abgefüllt aus dem Mittelmeerraum. Während der Adel eingeführten, teueren Wein genoß, trank das Volk mit Honig gesüßtes Weizenbier.

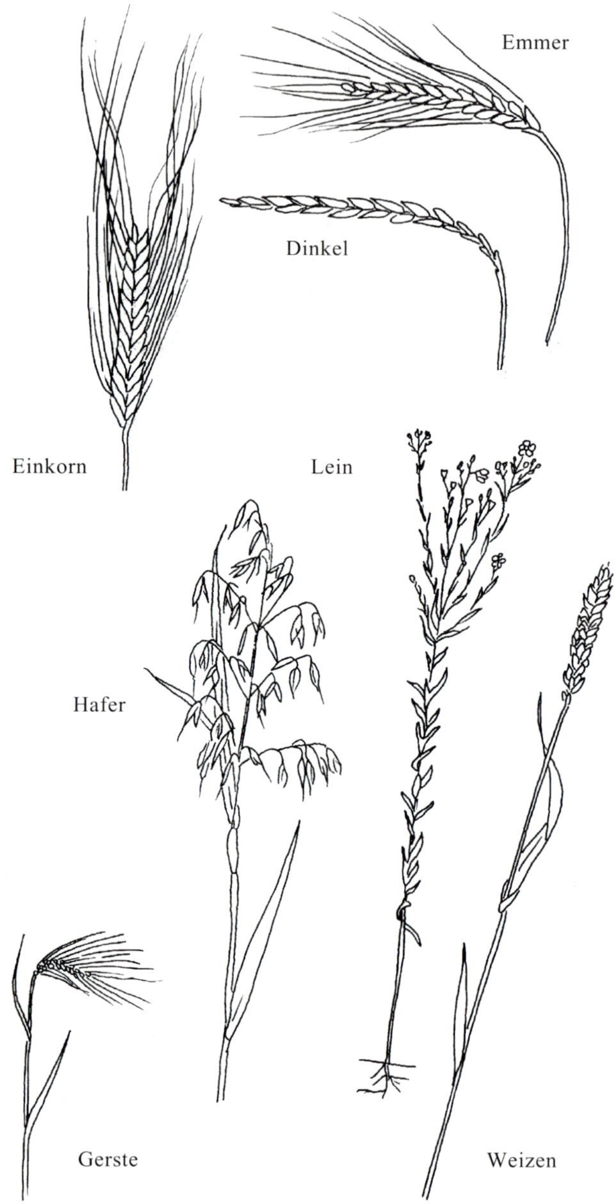

Tierhaltung

Wie zahlreiche Tierknochenfunde aus Siedlungen und Gräbern belegen, hielten die Kelten Rinder, Pferde, Schweine, Schafe, Ziegen, Hunde und Hühner. Im Gegensatz zu ihren wildlebenden Artgenossen und heutigen Haustierrassen waren die keltischen Züchtungen kleiner. So betrug die Schulterhöhe bei Kühen etwa 1,10 m und die der Stiere ca. 1,20 m. Da Kühe und Ochsen vor allem als Zugtiere benötigt wurden, schlachtete man sie meistens erst ab einem Alter von dreieinhalb Jahren.

Auch das keltische Hausschwein war viel kleiner als Schweine heute. Verheilte Knochenbrüche deuten darauf hin, daß man die Hinterläufe der Schweine zusammenband, damit die Tiere sich in den Wäldern nicht verliefen. Im Vergleich mit Rind und Schwein spielten Schaf und Ziege nur eine geringe Rolle.

Von großer Bedeutung war dagegen das Pferd. Es wurde als Zugtier vor die Wagen gespannt und als Reittier benützt. Zur Bewachung der Gehöfte und der Herden hielten sich die Kelten Hunde , die sie auch manchmal aßen. Als letztes Haustier ist noch das Huhn zu nennen, das die Kelten anscheinend aus dem Mittelmeerraum eingeführt hatten.

Tonpferdchen mit alten Flickspuren, Prächting bei Lichtenfels (Oberfranken)

Tiere in der freien Natur

Die Jagd als Mittel zur Nahrungsbeschaffung spielte bei den Kelten anscheinend eine eher untergeordnete Rolle. Lediglich der Hirsch und das Wildschwein schienen regelmäßig und im größeren Umfang gejagt und gegessen worden zu sein. Daß die Kelten sich bei der Jagd aber nicht nur auf diese beiden Tierarten beschränkten, belegen zahlreiche Tierknochenfunde in Ansiedlungen. Sie geben uns Auskunft über die Tiere in freier Natur.

So lebten z. B. in den Wäldern und Auen Wisente, Auerochsen, Braunbären, Elche, Hirsche und Rehe, Wildschweine, Dachse, Biber, Feldhasen und Raubtiere wie Wölfe, Fuchs, Marder, Wiesel und Wildkatzen. An Seen, Flüssen und Mooren gab es Störche, Kraniche, Reiher, verschiedene Arten von Wildgänsen, Enten, Raubvögeln wie Adler, Geier, Habicht und Uhu, und eine Vielzahl von Singvögeln. In den Seen und Flüssen wimmelte es von Fischen und Krebsen.

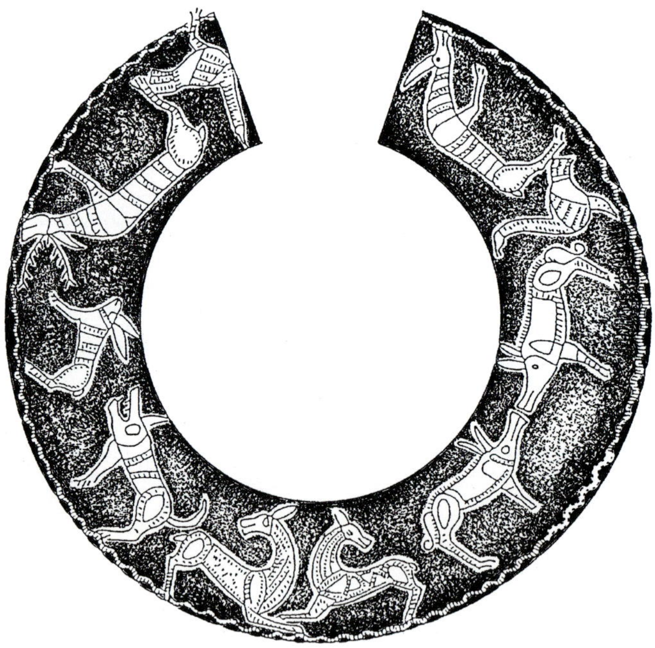

Abgerollter Tierfries von der Linsenflasche (vergleiche auch rechts)

Linsenflasche aus Ton, Matzhausen bei Parsberg (Oberpfalz)

Von Tauschhandel und Geldwährung: Die Wirtschaft

Die keltischen Handelsherren

Zahlreiche Funde aus Gräbern und Siedlungen belegen, daß die Kelten zu allen Zeiten untereinander und mit anderen Völkern rege Handelsbeziehungen unterhielten. Wer ihre Handelspartner waren, läßt sich an eingeführten fremdländischen Erzeugnissen und an den Produkten nachweisen, die von keltischen Handwerkern und Künstlern nach fremden Vorbildern hergestellt wurden. Man findet aber auch eindeutig keltische Erzeugnisse außerhalb ihres eigentlichen Siedlungsgebietes.

Die Wege, auf denen fremdländische Waren in unsere Heimat, beziehungsweise keltische Produkte ins benachbarte Ausland gelangten, waren sehr verschieden. Der Handel war aber sicher die wichtigste Form des Güter- und Kulturaustauschs. Daneben weisen prunkvolle Gastgeschenke auf diplomatische Beziehungen der keltischen Oberschicht mit ausländischen Herrschern, fremder Frauenschmuck auf Einheirat, keltische Waffen und Schmuckstücke in Italien, Griechenland, auf dem Balkan und in der Türkei auf die große Auswanderung und auf Kriegszüge der Kelten hin.

Die ausländischen Handelspartner

Auffallend ist, daß die fremdländischen Erzeugnisse und Einflüsse auf die keltische Kunst vorwiegend aus den Mittelmeerländern stammen. Es läßt sich heute nachweisen, daß bereits in der **Hallstattzeit** (um 600 vor Christus) Bronzegefäße und Töpferwaren aus den **griechischen Kolonien** über Massalia (heute: Marseille) in Südfrankreich ihren Weg zu den Kelten nahmen. Die Handelsrouten verliefen dabei im Westen von Marseille über das Rhônetal und die Burgundische Pforte zu den Fürstenhöfen im westlichen Mitteleuropa.

Seit dem 6. Jahrhundert beteiligten sich dann verstärkt die **Etrusker** am Fernhandel mit den Kelten. Sie waren zu dieser Zeit die bedeutendste politische Macht in Italien. Sie belieferten die keltische Oberschicht mit hochwertigen Bronzewaren wie Schnabelkannen und Eimern zum Mischen des Weins. Neben Bronzegeschirr und Töpferwaren schätzte die keltische Oberschicht auch Korallen, Glasschmuck und nicht zuletzt den Wein, der in Amphoren aus Ton geliefert wurde.

Die Waren aus dem Süden gelangten im Westen von der Poebene aus über die oberitalienischen Seen, die Westalpenpässe und den Rhein nach Norden. Ein anderer Handelsweg führte über die Ostalpen, Salzach, Inn und Donau bis nach Südböhmen. Da die Waren aus Kostengründen vorzugsweise auf dem Wasser transportiert wurden, verwundert es nicht, daß man im heutigen Bayern und hier vor allem in Südbayern kaum Südimporte aus keltischer Zeit findet. Es lag nämlich nicht an den üblichen Handelsrouten. Unter den wenigen Fundstücken aus dem Mittelmeerraum, die fast alle aus Nordbayern stammen, wären zu benennen: Bruchstücke griechischer Töpferware von einem hallstattzeitlichen Fürstensitz auf dem Marienberg in Würzburg sowie zwei etruskische Bronzebecken aus dem Samsbacher Forst, nördlich von Regensburg.

Die **Bruchstücke griechischer Töpferwaren** gehörten ursprünglich zu einem Trinkgeschirr, das sich nur Fürsten leisten konnten.

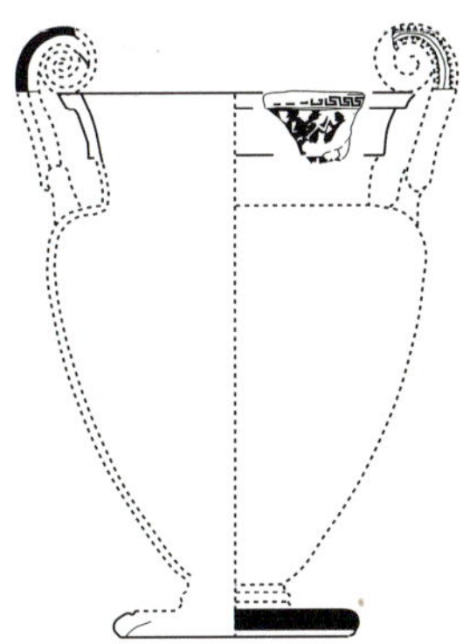

Bruchstück eines griechischen Tongefäßes (Krater) und zeichnerische Ergänzung, Fundort: Heuneburg bei Hundersingen (Baden-Württemberg)

Eiserne Feuerböcke und Bratspieße gehörten bei den Griechen und Etruskern zu jedem Festgelage. In Griechenland waren sie sogar Zahlungsmittel und wurden zuweilen in Heiligtümern aufbewahrt. In Bayern wurden Feuerböcke und Bratspieße nur vereinzelt und dann nur in Gräbern von Angehörigen der Oberschicht gefunden.

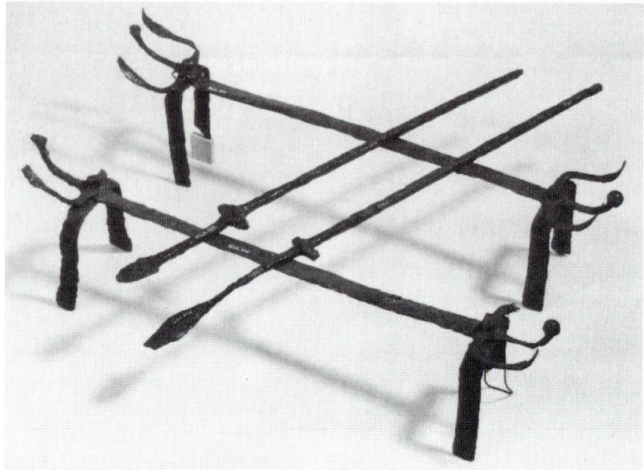

Eiserne Feuerblöcke (Länge 58 cm) und Bratspieße (Länge ca 1 m), Beilngries bei Eichstätt (Oberbayern)

Die **Amphore** sowie die dazugehörigen Bronzeteller bildeten ein Service. Ober- und Unterteil der Amphore sind getrennt gearbeitet und wurden durch 33 Nieten zusammengehalten.

Amphore aus getriebenem Bronzeblech, Großeibstadt (Unterfranken)

Die Handelsbeziehungen zwischen den Kelten und dem Süden dauerten fast 200 Jahre und endeten zunächst mit der großen Keltenwanderung um 400 vor Christus, also in der frühen **Latènezeit**. Entscheidend für den Aufschwung des Handwerks war die Übernahme von Handwerkstechniken, die die Kelten im Mittelmeerraum kennenlernten, wie z. B. die schnellrotierende Töpferscheibe, die eine Massenproduktion von hochwertiger Töpferware ermöglichte.

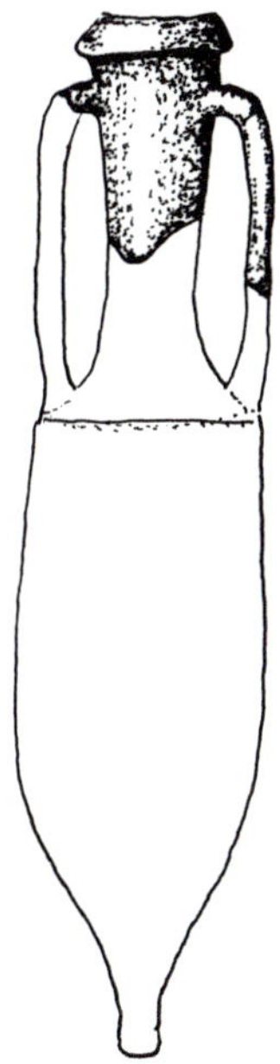

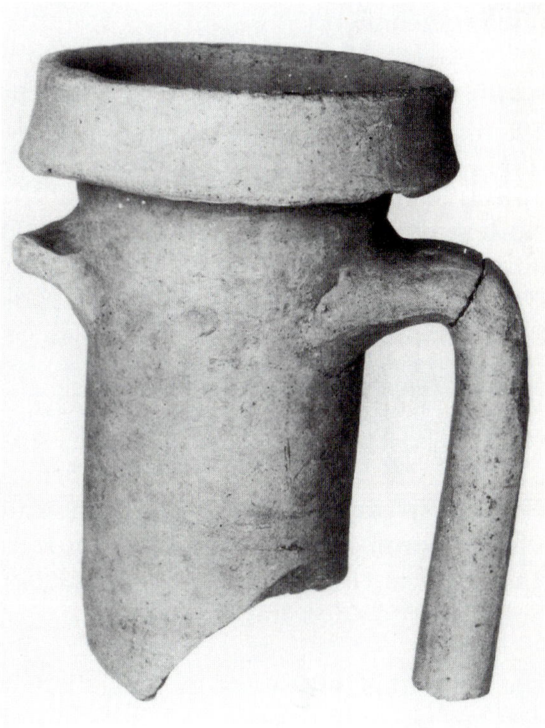

Bruchstück einer römischen Amphore aus Ton und zeichnerische Ergänzung, Manching (Oberbayern)

Die Bezahlung der eingeführten Waren

Im Handel, der vorwiegend Tauschhandel zwischen den keltischen Fürsten und den großen Handelsherren im Süden war, spielten Salz, Gold, Kupfer und Eisen, Wolle, Flachs und daraus gefertigte Mäntel, Häute, Felle, Holz und sicher auch Sklaven eine wichtige Rolle als Tauschobjekte.

Das begehrte **Salz** wurde in den Alpen vor allem in Hallstatt und Hallein (Österreich) gewonnen.

Kupfer wurde vorwiegend in den Alpen, vor allem in Ost- und Südtirol (Österreich) bergmännisch abgebaut und verhüttet. Um aus Kupfer Bronze herzustellen, brauchte man **Zinn**. Es kam aus dem Erzgebirge (Deutschland), aus der Bretagne in Nordwestfrankreich und aus Südengland.

War der Kupferabbau auf einige wenige Gebiete beschränkt, so wurde das **Eisenerz** in Form von erbsengroßen Körnen überall in den Flußniederungen und Flachmooren gefunden, eingeschmolzen und in Form von Doppelspitzbarren oder Schwertern in den Handel gebracht.

Das begehrte **Gold** wurde in der Hallstattzeit vor allem in der nördlichen Schweiz und in Siebenbürgen gewaschen oder in Spanien eingetauscht. In der Latènezeit kam noch Rheingold und Gold aus böhmischen Flüssen hinzu.

Gehandelt wurde auch mit Bernstein, Korallen und Graphit. **Bernstein** kam von den Küsten Schleswig-Holsteins und Dänemarks sowie von der Ostsee und gelangte auf dem Umweg über das Mittelmeer wieder zurück über die Alpen. **Graphit** benötigte man zur Bemalung der Tongefäße und zur Herstellung feuerfester Kochtöpfe. Er wurde in der Gegend von Passau abgebaut und entlang der Donau vertrieben.

Durch die **Einführung der Geldwirtschaft** vom 3. Jahrhundert vor Christus an wurde der Handel ganz wesentlich erleichtert und erreichte bis zum Einmarsch der Römer noch einmal einen Höhepunkt.

Keltische Münzen, Manching (Oberbayern)

Rohstoffe, die zur Zeit
der Kelten genutzt wurden:

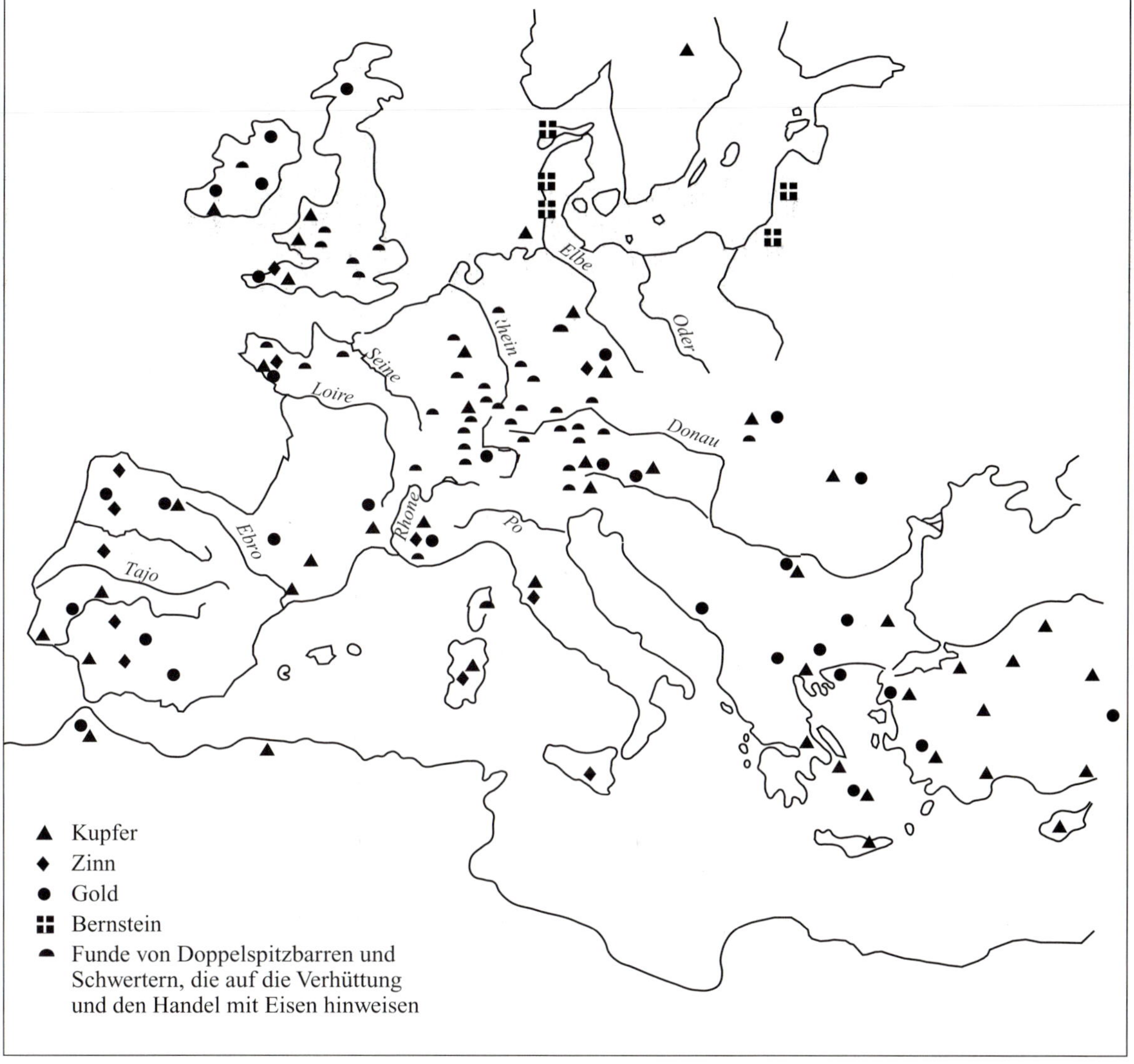

'Regenbogenschüsselchen' - das erste Geld in Bayern

Durch ihre griechischen Handelpartner und auf ihren Kriegszügen lernten die Kelten das griechische Geldwesen kennen, erkannten die Vorteile einer Geldwährung und übernahmen sie allmählich.

Wie stark der griechische Einfluß auf die keltischen Münzen war, zeigt sich zum einen in der Übernahme fast gleichschwerer Gold- und Silbermünzen und zum anderen in der Auswahl der bildlichen Darstellungen auf diesen Münzen.

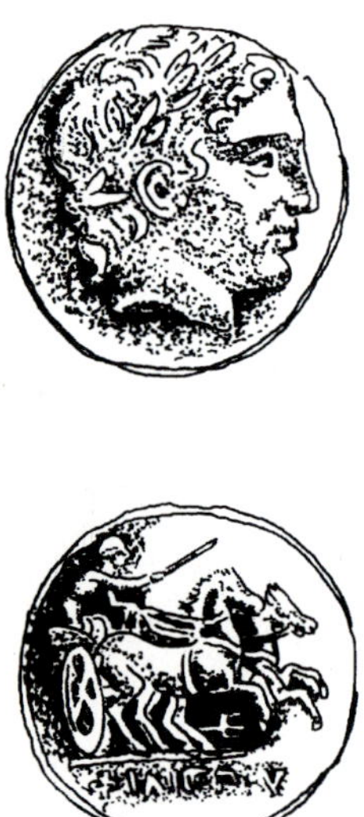

Griechische Münze

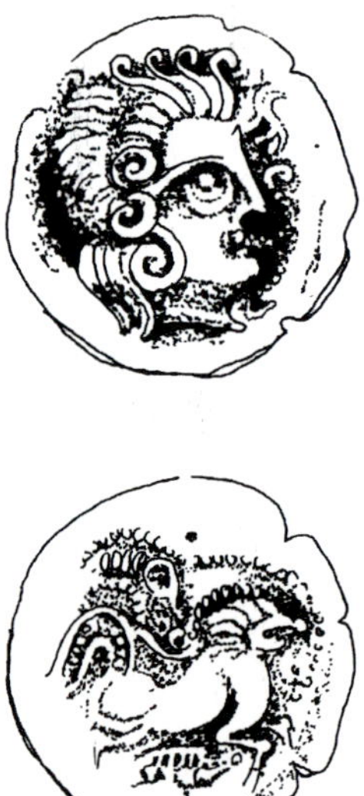

Keltische Münze

Daneben entwickelten einzelne keltische Stämme aber auch eigene für sie typische Münzformen und -bilder, wie z. B. die sogenannten **'Regenbogenschüsselchen'**.

Keltische Goldmünzen ('Regenbogenschüsselchen') aus Oberbayern

Der Name 'Regenbogenschüsselchen' für die goldenen, schüsselförmigen Münzen der Vindeliker und Boier stammt nicht von den Kelten selbst, sondern aus dem Mittelalter und der Neuzeit. Da die Münzen meist nach Regenfällen auf den Feldern gefunden wurden, glaubten die Menschen damals, daß diese Goldmünzen immer dort, wo der Regenbogen den Boden berührte, zu finden seien.

Besonders geheimnisumwittert waren für die abergläubischen Menschen die bildlichen und abstrakten Darstellungen auf den Münzen, wie Menschen- oder Vogelköpfe, Pferde und Fabelwesen, eigenartige Gebilde aus Schnäbeln und Augen, hufeisenförmige Reifen oder Kränze, Kugeln oder Muscheln und abstrakte Ornamente.

Aufgrund der unterschiedlichen Münzen, die in Bayern gefunden wurden, weiß man heute, daß die meisten Münzen des 3. Jahrhunderts vor Christus vor allem in Gallien und Böhmen geprägt wurden. Ab dem 2. Jahrhundert vor Christus setzte auch in Bayern die Münzprägung ein.

'Regenbogenschüsselchen' aus Großbissendorf, Ldkr. Neumarkt (Oberpfalz)

Die Herstellung der ´Regenbogenschüsselchen

Um die Rohform einer Münze, den sogenannten Schrötling, herzustellen, füllten die Kelten zuerst eine vorher genau abgewogene Menge von Goldstaub in fingergroße Vertiefungen einer Tonform. Dann wurde die Tonform vermutlich mit Holzkohle überdeckt und der Goldstaub im Feuer geschmolzen. War das Gold wieder erstarrt, konnte man den schüsselförmigen Goldschrötling herausnehmen und mit der Münzprägung beginnen.

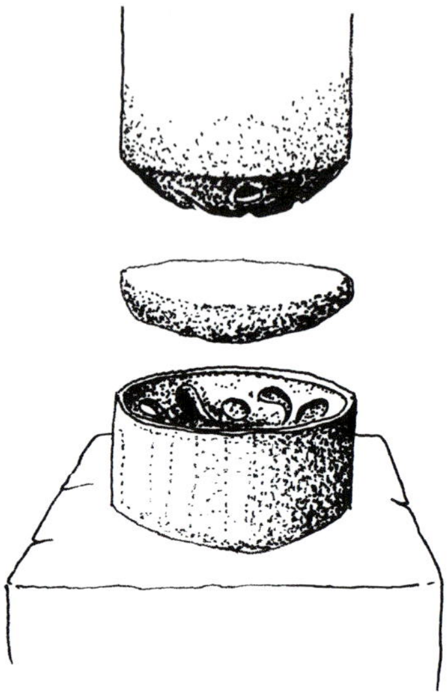

Tonform in denen die goldenen Schrötlinge gegossen wurden, Manching (Oberbayern)

Zum Prägen der Münzen wurden besondere Stempel aus Eisen oder Bronze angefertigt. Je nach Münztyp war der Stempel glatt oder trug ein eingeschnittenes Bild. Um die Stempelvorlagen auf den Schrötling zu übertragen, legte man die Rohform zwischen den Unterstempel und den Oberstempel und formte durch einen kräftigen Hammerschlag die Vorder- und Rückseite der Münze aus.

Der Wert einer Münze richtete sich nach dem Gewicht. Nach griechischem Vorbild unterscheiden wir dabei heute bei den keltischen Goldmünzen zwischen dem 7,2 g schweren 'Stater', dem 'Viertelstater' mit 1,8 g und dem 'Vierundzwanzigstel-Stater' mit 0,3 g.

Da die kleinste Goldmünze einen Durchmesser von nur etwa 4 mm besaß und leicht verloren werden konnte, benützten die Kelten kleine Geldbörsen aus Bronze.

Neben den Goldmünzen verwendeten die Kelten in späteren Zeiten auch Silbermünzen und Münzen aus einer zinnhaltigen Bronzelegierung. Daß es auch zur Keltenzeit bereits Betrüger und Geldfälscher gab, zeigen 'gefütterte' Münzen mit einem Blei- oder Kupferkern. Sie konnten nur durch vergleichendes Wiegen auf einer Feinwaage als Fälschungen erkannt werden.

Die Geldbörse wurde ursprünglich an einem Lederriemen getragen, Manching (Oberbayern).

Von Bronze und Eisen: Die wichtigsten Metalle

Bronzezeit

Die **Bronze**, eine Legierung aus neun Teilen **Kupfer** und einem Teil **Zinn**, wurde bereits mehr als 1000 Jahre vor dem Eisen als Werkstoff entdeckt und genutzt. In welcher Technik Bronze verarbeitet wurde, hing dabei vom jeweiligen Endprodukt ab. So wurden Helme, Vasen, Schüsseln, Kannen und Möbelbeschläge aus Bronzeblech getrieben, kleine Figuren oder Fibeln dagegen gegossen.

Um an die kupferführenden Adern zu gelangen, mußten zuerst einmal Stollen in den Berg getrieben werden, dann das kupferhaltige Gestein mit Holzkohlenfeuer stark erhitzt und mit kaltem Wasser abgeschreckt werden. War das Gestein geborsten, wurde es mit Pickel und Äxten abgebaut und außerhalb der Grube sortiert, geröstet und schließlich in Barren geschmolzen.

Um aus Kupfer Bronze herzustellen, brauchte man natürlich auch Zinn. Da es im Alpenraum aber keine ausreichenden Zinnvorkommen gab, mußte es von weither, nämlich aus England eingeführt werden. Dies verlangte natürlich ein ausgezeichnetes Handelssystem und sichere Handelswege.

Wie wurden kleine Bronzefiguren hergestellt?

Um eine kleine Bronzefiguren zu gießen, schuf der Handwerker zuerst ein Wachsmodell. Anschließend wurde das Wachsmodell mit Lehm ummantelt. Nach dem Trocknen wurde die Form gebrannt und das Wachs floß heraus. In den entstandenen Hohlraum wurde nun vorsichtig flüssiges Metall eingefüllt. War die Bronze erkaltet und hart, schlug man den Tonmantel ab und hatte anstelle der Wachsfigur eine aus Bronze. In einem letzten Arbeitsgang wurden die mit Bronze gefüllten Gußkanäle abgefeilt und die Oberfläche der Figur geglättet und poliert.

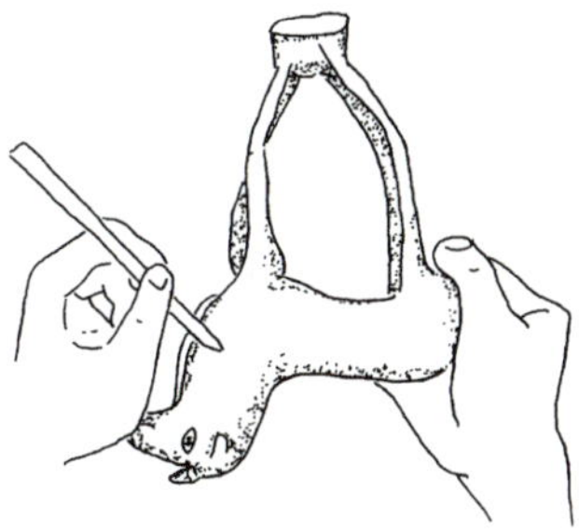

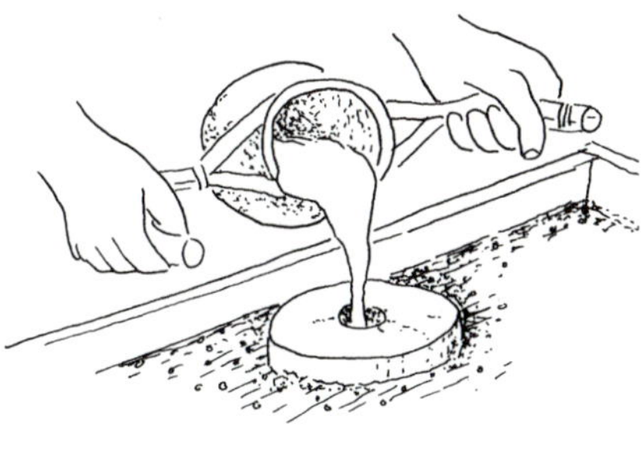

Bronzestier, Weltenburg bei Kelheim (Niederbayern)

Bronzeblech, getrieben, gehämmert und verziert

Neben dem ‘heißen’ Bronzeguß wurde Bronze auch ‘kalt’ verarbeitet. Aus gegossenen Bronzeplatten wurden dabei mit Treibschlegeln sehr dünne Bronzebleche gehämmert und zu verschieden geformten Gefäßen, Schwert- und Dolchscheiden, Gürtelblechen, Beschlägen und Tonnenarmbändern verarbeitet.

Da große Gefäße nicht in einem Stück getrieben werden konnten, wurden sie aus zurechtgeschnittenen Blechstreifen gefalzt und zusammengenietet.

Um Bronzebleche zu verzieren, benützte man eiserne Stempel und übertrug das Muster der Vorlage durch Hämmern auf das Blech. Eine andere Technik der Verzierung war das Gravieren. Dabei verwendete der Handwerker einen eisernen Ziselierstichel und grub sein Muster oder die figürlichen Darstellungen in das weichere Bronzeblech. Wie hoch entwickelt die Bronzeverarbeitung war, zeigen Einlegearbeiten aus Korallen und rotem Emaille auf Waffen und anderen Geräten.

Gürtel aus getriebenem Bronzeblech, Kastlhof bei Kelheim (Niederbayern)

Eimerförmiges Gefäß, Breitrand-Fußschale und Schöpfkännchen aus Bronze, Grobeibstadt (Unterfranken)

Eisenzeit

Die Kenntnis, Eisenerz abzubauen und zu brauchbaren Werkzeugen, Geräten und Waffen weiterzuverarbeiten, war wohl die bedeutendste technische Errungenschaft der frühen Völker. Sie veränderte das Leben der Menschen so radikal und nachhaltig, daß man heute diesen Zeitabschnitt als **Eisenzeit** bezeichnet.

Im Gegensatz zu Kupfer findet man Eisen in Form von Eisenerz fast überall auf der Welt. Es zu verhütten und als Werkmetall nutzbar zu machen, gelang den Menschen aber erst um die Mitte des 2. Jahrtausends vor Christus. Das Ursprungsland der Eisengewinnung war Anatolien in der heutigen Türkei. Von dort gelangte die Kenntnis über Griechenland nach Mitteleuropa und so auch zu den Kelten. Die ältesten Eisenfunde in Bayern stammen aus der Urnenfelderzeit um 800 vor Christus. Es handelt sich dabei um eine eiserne Lanzenspitze und um Eiseneinlagen in Bronzeschwertern.

Daß Eisen zu dieser Zeit sehr kostbar war, zeigt seine sparsame Verwendung. So waren die Schwerter auch weiterhin noch aus Bronze, der Griff jedoch mit Eiseneinlagen verziert. Mit dem Beginn der Hallstattzeit, also knapp 100 Jahre nach dem Auftauchen der ersten Eisengegenstände, hatte Eisen aber bereits Bronze als Werkmetall für Lanzenspitzen und Wagenteile verdrängt. Die Schwerter bestanden zunächst noch aus Bronze, später wurden sie ebenfalls aus Eisen geschmiedet. Schmuck wurde überwiegend aus Bronze angefertigt.

Eisengewinnung

Da Eisenerz buchstäblich überall gefunden werden konnte und selbst die kleinsten Vorkommen ausgebeutet wurden, beschränkten sich die Kelten im Gegensatz zum Kupferbergbau auf den Abbau über Tage.

Um Roheisen zu gewinnen, bauten die Kelten sogenannte Rennöfen. Die Öfen hatten einen Lehmmantel und waren etwa 60 cm tief in den Boden eingelassen. Nach oben war der Ofen zu einer Kuppel mit einem etwa 1,20 m hohen Kaminschlot ausgeformt. Damit das Feuer im Ofen ausreichend mit Sauerstoff versorgt wurde, befanden sich knapp über dem Erdboden zwei Windlöcher.

Um aus dem erzhaltigen Gestein Roheisen herauszuschmelzen, wurde im Ofen zuerst ein Holzkohlenfeuer entfacht. Dann füllte man von oben abwechselnd Eisenerz und Holzkohle hinein. Das

is war dabei ein Teil
eilen Holzkohle. Die
eratur erreichte man,
zkohlenglut mit Blase-
ıchte. Bei ca. 1300 °C
isenbrei vom Gestein.
pe' zu Boden.

Der leichte Gesteinsbrei schwamm als flüssige Schlacke über dem Eisen. War das Eisenerz geschmolzen, wurde der Ofenmantel angestochen und die flüssige Schlacke in eine Grube abgelassen. Dann öffnete man den Ofen und holte die sogenannte 'Luppe' heraus.

Da sie noch starke Verunreinigungen aufwies, wurde das Roheisen nochmals bis zur Weißglut erhitzt und kräftig geschmiedet, wobei die restliche Schlacke größtenteils 'ausgepreßt' wurde. Die Qualität des Eisens hing also nicht so sehr vom Schmelzvorgang als vom Können des Schmiedes ab. In den Handel kam das Eisen dann als Doppelspitzbarren oder auch als Halbfabrikat in Form von Schwertern.

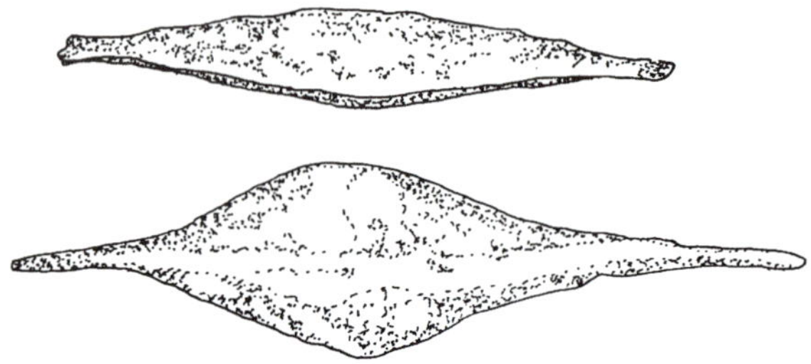

Eiserne Doppelspitzbarren

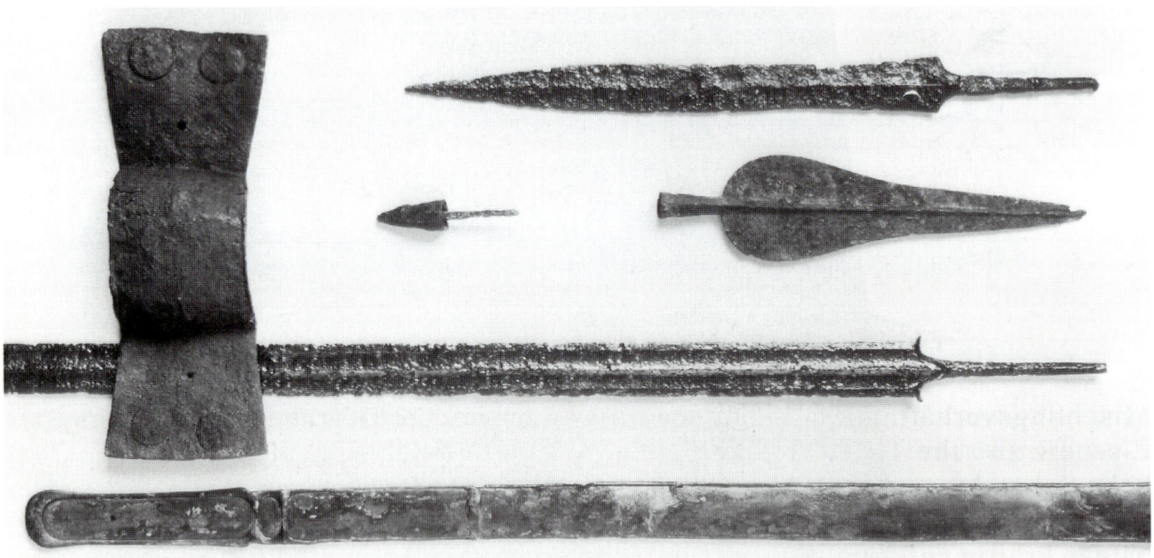

Schwerter, Lanzen und Schildbuckel aus Eisen, verschiedene Fundorte in Oberbayern

Die Weiterverarbeitung des Roheisens übernahmen schließlich ortsansässige Schmiede, die sich auf die Herstellung ganz bestimmter Produkte spezialisiert hatten.

Ihre Produktpalette reichte von Waffen (Schwerter, Lanzenspitzen, Dolche) über Werkzeuge (Messer, Äxte, Hämmer, Sägen, Bohrer, Zangen, Nägel) und landwirtschaftlichen Geräten (Schaufeln, Hacken, Sensen, Sicheln, Pflugscharen) bis zu Haushaltsgegenstände (Scheren, Bratspieße, Haken, Schlüsseln, Möbelbeschläge). Ab der Mitte des 4. Jahrhunderts vor Christus stellte man dann sogar Schmuckstücke wie Fibeln oder Gürtelschnallen aus Eisen her.

Eisernes Werkzeug: Hammer, Zange, Meißel, verschiedene Beile und Schere, Manching (Oberbayern)

Von Ton, Wolle, Leder und Holz: Das Handwerk

Beim Töpfer

Die Kelten stellten zu allen Zeiten hochwertige Tonwaren her. Aufgrund der verwendeten Tonerde und des Herstellungsverfahrens, der Form und Verzierung der Tongefäße, Kannen und Schüsseln lassen sich heute verschiedene Entwicklungsstufen, Modeerscheinungen und regionale Eigenarten erkennen und unterscheiden.

Bauchiges Kegelhalsgefäß mit roter Bemalung und Ziermuster aus schmalen Rillen und eingestempelten Dreiecken und Kreisaugen, München-Riem (Oberbayern)

Aufbaukeramik der Hallstattzeit

Verfolgt man die keltische Keramik bis zu ihren Anfängen zurück, so zeigt sich als erstes, daß sich die Art, Tongefäße herzustellen, seit der Jungsteinzeit kaum verändert hatte.

Denn wie die Menschen in den vorangegangenen Jahrtausenden, so bauten auch die Kelten anfänglich ihre Tongefäße noch aus Tonwülsten auf, verstrichen anschließend die 'Nähte' und glätteten die Oberfläche der Gefäße. Neu dagegen war die Art der Verzierung: Ritz-, Rillen- und vor allem das Stichmuster.

Um die geometrischen Muster wirkungsvoll vom dunklen Untergrund hervorzuheben, füllte man die Einstiche mit weißer Paste.

Neben geometrischen Formen tauchen erstmals auch stark vereinfachte Darstellungen von Menschen und Tieren auf.

In der Hallstattzeit änderte sich die Verzierung in der Weise, daß die Muster nun nicht mehr geritzt und gestempelt, sondern aufgemalt wurden: rot, weißgelb, weiß und graphit-schwarz.

Da man in einem festumgrenzten Gebiet stets gleichbemalte Töpferwaren antrifft, geht man heute davon aus, daß diese Gefäße fast serienmäßig in speziellen Töpfereien für den lokalen Markt hergestellt wurden.

Beutelförmiges Tongefäß mit figürlicher Rollrädchenverzierung (Menschen und Tiere), Fischbach bei Burglengenfeld (Oberpfalz)

Drehscheibenkeramik der Latènezeit

Wurden während der Hallstattzeit die Gefäße aus freier Hand mit Tonwülsten aufgebaut, so tauchten mit dem Beginn der Latènezeit immer öfter gedrehte Tonwaren auf. Die Technik, aus einem Tonklumpen auf der Töpferscheibe kreisrunde Gefäße hochzuziehen, stammte aus dem Mittelmeerraum und breitete sich allmählich auch nördlich der Alpen aus. Die Einführung der Drehscheibe brachte aber zunächst keinen Wandel in der Gefäßform. Dies änderte sich jedoch schlagartig, als die schnellrotierenden Töpferscheiben aufkamen. Sie ermöglichten eine Vielzahl von dünnwandigen, sanft geschwungenen Flaschen, Schüsseln, Schalen, Bechern, Töpfen und Kannen sowohl für den täglichen Gebrauch als auch für die Festtafel. Bei den auf der Töpferscheibe gedrehten Tonwaren fällt besonders der graue bis schwarze Glanz auf. Er entsteht, wenn in der letzten Phase des Brennvorganges feuchtes Holz in die Brennkammer gelegt wird und dann alle Abzugslöcher und das Schürloch verschlossen werden.

Handwerker an einer schnell drehenden Töpferscheibe, Zeichnung nach einem griechischen Vasenbild aus dem 6. Jahrhundert vor Christus

Gedrehte Gefäße aus grauem bzw. graubraunem Ton, Manching (Oberbayern)

Neben den schwarzglänzenden gedrehten Schalen, Schüsseln und Vorratsgefäßen gab es auch bemalte Tongefäße für Getränke.

Die häufigste Bemalung bestand aus einer weißen Grundierung mit umlaufenden, roten Streifen. Weitere Farbverzierungen waren geometrische Muster, Wellen, Zickzacklinien, Tupfer-, Gitter- und Halbmondmuster.

Als Kochgeschirr benutzten die Kelten der Latènezeit graphithaltiges Tongeschirr. Es ist meist mit senkrechten Kammstrichen verziert. Der Graphitton wurde bei uns in der Gegend von Passau abgebaut und über weite Strecken zu den großen Töpferwerkstätten transportiert.

Da Töpfe aus Graphitton feuerfest sind, waren sie sehr begehrt und wurden weit gehandelt.

Bemaltes Trinkgeschirr und Gebrauchgeschirr aus Graphitton, Manching (Oberbayern)

Am Webstuhl

Wie sich die Kelten kleideten, erfahren wir wieder von den antiken Schriftstellern. Sie erwähnen farbenfrohe, karierte Hosen, Tuniken und Umhänge. Leider haben sich Stoffreste und Lederarbeiten nur in den seltensten Fällen in unserem Boden erhalten. Eine Ausnahme bilden hier vor allem Textilfunde aus den ehemaligen keltischen Salzbergwerken. Da organische Stoffe im Salz konserviert werden und so Jahrtausende unbeschadet überdaueren können, stellen sie neben den stark beschädigten Stoffresten aus Gräbern die wichtigste Informationsquelle dar.

Bei den gefundenen Kleiderresten handelt es sich vorwiegend um Stoffe aus Schafwolle und Leinen. Wie zahlreiche Funde von Spinnwirteln und Webgewichten aus Ton belegen, wurde das Garn von Hand gesponnen und auf hölzernen

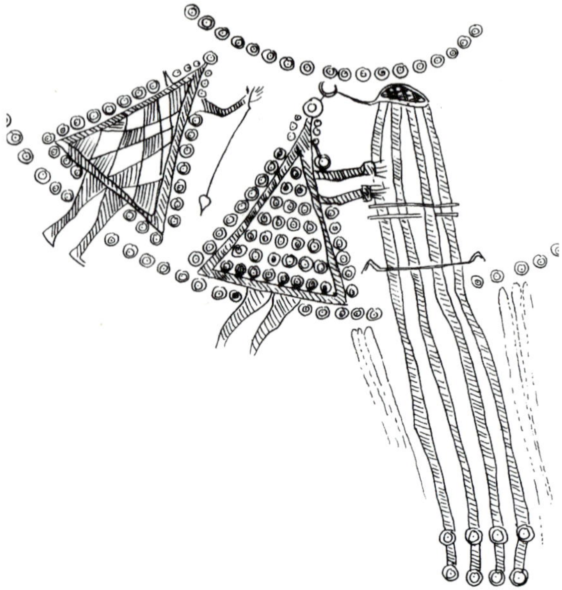

Frauen beim Spinnen und Weben, Zeichnung nach einer Darstellung von einem Tongefäß aus Sopron (Ungarn)

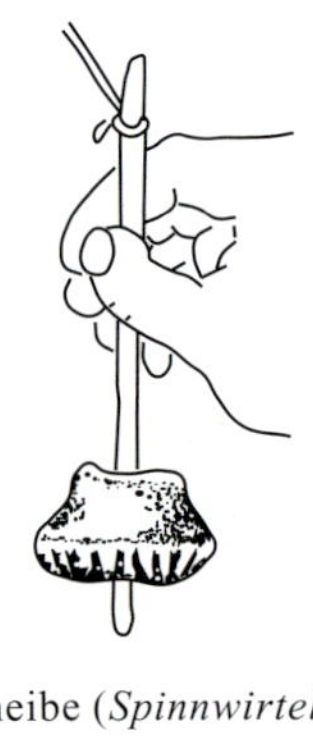

Tönerne Schwungscheibe (*Spinnwirtel*) einer Handspindel

Webgewichte aus Ton, wahrscheinlich aus Esting bei Fürstenfeldbruck (Oberbayern)

Gewichtswebstühlen zu Stoff verwoben. Gewebt wurde an hohen, aufrecht stehenden Gewichtswebstühlen, an deren oberen Querbalken die nach unten fallenden sogenannten Kettfäden befestigt und mit Tongewichten straff gehalten wurden. Um aus den einzelnen Fäden zusammenhängende Stoffbahnen zu erhalten, wurden durch die hängenden Kettfäden die waagrechten Schußfäden gezogen. Je nach Webart wurde dabei eine vorher festgelegte Anzahl von Kettfäden mit Hilfe von Schlaufen angehoben und dazwischen der Schußfaden eingezogen.

Da die Kelten mehrfarbige Gewänder liebten, wurde das Garn vor dem Weben rotbraun bis schwarz, blau, olivgrün, gelb eingefärbt und zu unterschiedlichen Mustern verwebt. Als Färbemittel verwendeten sie bestimmte Blüten, Früchte und Fasern von angebauten und wildwachsenden Planzen und wahrscheinlich auch mineralische Farbstoffe.

War der Stoff fertig, so wurde er zugeschnitten. Die abgeschnittenen Ränder wurden eingesäumt und zu Hosen, Kitteln, Röcken und Umhängen zusammengenäht und mit Borten und Stickereien zusätzlich verziert. Besonders kostbare Tücher waren aus Dachs- und Roßhaaren. In anderen waren Goldfäden eingewebt oder sie waren mit Seidenstickereien versehen.

Frauen beim Weben, Zeichnung nach einer Darstellung auf einer griechischen Vase, um 540 vor Christus

Seidenbesticktes Tuch (Rekonstruktion) aus einem Grab bei Altheim-Heiligkreuztal (Baden-Württemberg)

Werkstoff Leder

Lederfunde aus der Keltenzeit sind genauso selten wie Stoffunde. Doch wie die gewebten und gewalkten Stoffe spielten gegerbte Felle und Leder eine wichtige Rolle im täglichen Leben und im Krieg. So ist es nicht verwunderlich, daß zahlreiche Schabmesser und Pfriemen zum Durchbohren von Leder gefunden wurden.

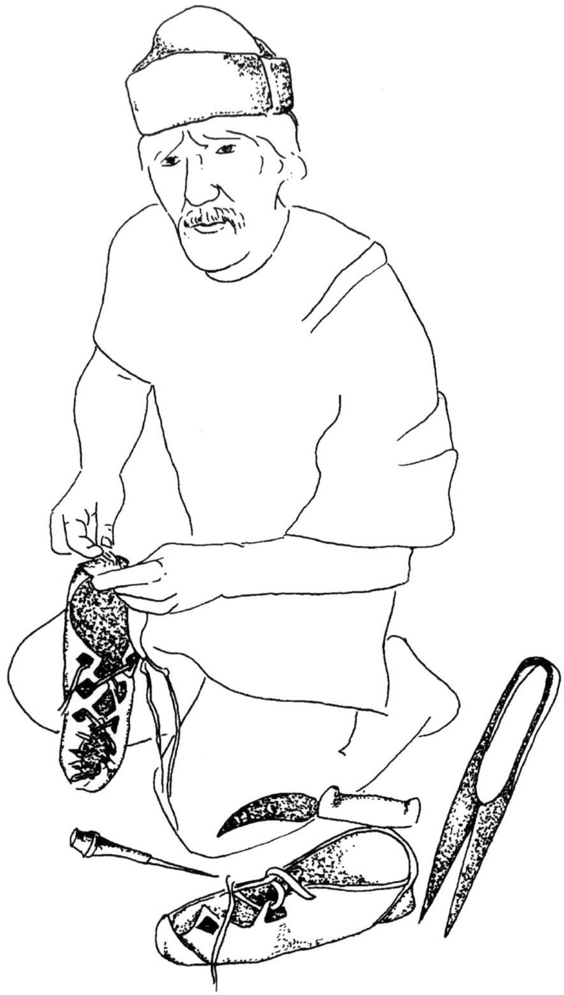

Eiserne Geräte zur Lederverarbeitung (verschiedene Maßstäbe), La Tène (Schweiz)

Gegerbte Felle dienten als Unterlage, Decken oder Umhänge. Aus Leder waren die Schuhe, die Kopfbedeckung, Gürtel, Riemen, das Zaumzeug der Pferde, die Helme und Brustpanzer der einfachen Krieger. Mit Leder überzogen waren auch die Schilde der Krieger, Wagen, die vornehmen Kriegern mit ins Grab gegeben wurden, und wahrscheinlich auch Joche, die den Zugtieren aufgelegt wurden.

Das in Kelheim gefundene Joch aus Rosaceenholz ist 94 cm breit. Das Joch ist mit Leder überzogen und mit Buckelnägeln beschlagen.

Wegen der geringen Größe und aufwendigen Verarbeitung kam das Doppeljoch wohl nie wirklich zum Einsatz. Es fand seine Verwendung wahrscheinlich bei kultischen Handlungen.

Joch mit Bronzebeschlägen (Breite 94 cm), Kelheim (Niederbayern)

Wenn wir heute in den Museen vorwiegend Tonwaren und Gegenstände aus Metall sehen, so vergessen wir oft, welch große Bedeutung Holz als Werkstoff spielte. Wie Stoffe, Leder und andere organische Materialien, so ist auch Holz ein sehr vergänglicher Werkstoff. Die Folge ist, daß es heute nur wenige Beispiele des einst blühenden keltischen Holzhandwerks gibt und diese Funde in keinem Verhältnis zu seiner wahren Bedeutung stehen. Daß die Kelten hervorragende Zimmerleute, Schreiner, Drechsler und Wagner waren, läßt sich trotzdem an Werkzeugfunden sowie an bearbeiteten Holzresten nachweisen. Wie hochentwickelt bereits die keltischen Werkzeuge zur Holzbearbeitung waren, zeigen die ausgegrabenen Sägen, Beile, Äxte, Messer, Stemmeisen, Meißel, Raspeln oder Löffelbohrer, die sich bis in unsere Tage kaum verändert haben.

Holz als Werkstoff war weit verbreitet. Es wurde zum Festungs- und Hausbau verwendet. Besonders an den gezimmerten Grabkammern können wir noch heute das große Können der Zimmerleute sehen. Daß auch die Inneneinrichtung der Häuser aus Holz gefertigt wurde, steht außer Zweifel, läßt sich aber durch Funde nicht belegen. Die hölzernen Gegenstände des täglichen Lebens, wie Becher, Schalen, Kannen, Eimer oder Holzbottiche waren geschnitzt, verziert oder auf der Drechselbank herausgedreht. Holzgefäße haben sich nur in Ausnahmefällen erhalten. Gelegentlich sind sie durch Beschläge aus Bronze oder Henkel und Reifen aus Eisen zu erschließen.

Eiserne Geräte zur Holzverarbeitung (verschiedene Maßstäbe), La Tène (Schweiz)

Je nach Verwendungszweck wurden verschiedene Holzarten be- und verarbeitet. So wurden Eichenstämme vorzugsweise für den Festungsbau, die Stützbalken der Häuser, Stallungen und die Grabkammern gebraucht. Aus dem biegsamen und zugleich harten Holz der Esche wurden Griffe und Schäfte für Werkzeuge und Waffen wie Pfeile und Bogen hergestellt. Für Drechselarbeiten verwendete man Eibe, Esche, Ahorn, Birne, Apfel oder Wurzelholz. Geräte zur Feldarbeit waren aus weniger wertvollem Holz, z.B. aus Fichte. Aus der Rinde der Birke stellte man Schachteln und Hüte her, und das Harz des Baumes wurde zu Klebstoff verarbeitet.

Mit welcher Sorgfalt die Kelten Holz aussuchten und verarbeiteten, zeigt sich am vierräderigen, mit Eisen beschlagenen Wagen aus dem Fürstengrab von Hochdorf bei Ludwigsburg. Sie verwendeten für die stark beanspruchten Felgen Eschen- und Ulmenholz und für die gedrechselten Speichen Ahorn und Ulme. Die Naben aus Ulmenholz bestanden aus gedrechselten Einzelteilen, waren miteinander verdübelt und mit Eisen- und Bronzeblech verkleidet. Die Metallverkleidung des Wagens sowie die mit Eisenreifen gefaßten Wagenräder, die heiß auf die Wagenräder aufgezogen wurden, zeigen weiter, daß Schmied und Wagner eng zusammengearbeitet haben.

Wie bestatteten die Kelten ihre Toten?

Von Urnen und Grabhügeln: Die Begräbnissitten der Urnenfelderzeit

Wie wir schon mehrfach festgestellt haben, sind Gräber eine wichtige Informationsquelle bei der Entschlüsselung der Geschichte der Kelten. Sie geben uns einen Einblick in das Zusammenleben der einzelnen Stämme und in ihre Jenseitsvorstellungen. Aufgrund der Gräber, der Grabbeigaben und der Art der Bestattung lassen sich sowohl Rang und Stand eines Verstorbenen in seinem Stamm feststellen als auch Unterschiede zwischen einzelnen Stämmen ausmachen.

Versucht man, die Geschichte der Kelten in Bayern bis zu ihren Anfängen zurückzuverfolgen, so muß man bis zu den **Urnenfeldern** der späten Bronzezeit gehen. Die Friedhöfe dieser Zeit bestanden meist aus **Grabgruben**, in denen die verbrannten Reste des Toten beigesetzt wurden. Neben der Asche finden sich in den **Urnen** auch geschmolzene Bestandteile der Tracht, des Schmucks, der Waffen, Reste von Werkzeugen und anderen Beigaben.

Daß solche Dinge aus dem persönlichen Besitz des Toten mit verbrannt wurden, läßt darauf schließen, daß die Menschen der Urnenfelderzeit an ein Leben nach dem Tode glaubten.

War es in der späten Bronzezeit üblich, die Toten zu verbrennen und in Urnen beizusetzen, so änderte sich allmählich die Bestattungssitte lediglich in der Weise, daß über dem Verbrennungsplatz ein Grabhügel errichtet wurde.

Urnengrab

Von Waffen und Wagen als Grabbeigaben: Das Wagengrab aus Hart an der Alz

Grabhügel mit Grabkammer,
Zeichnung nach Grabungsbefunden

Der bedeutendste Fund aus der Urnenfelderzeit ist wohl das Wagengrab aus Hart an der Alz zwischen Inn und Salzach.

Seine Entdeckung verdanken wir einem Jungen, der im Garten seiner Eltern ein Loch grub und dabei auf einige seltsame Bronzestücke stieß. Er zeigte den Fund seiner Lehrerin, die sofort die Archäologen informierte. Was sie zutage förderten, war eine Sensation.

Das Besondere an dem mit vielen Beigaben ausgestatteten Grab waren die Bronzereste, die zu einem vierräderigen Wagen gehörten. Sie lieferten einen der ältesten Nachweise für die Verwendung des Rades in Bayern.

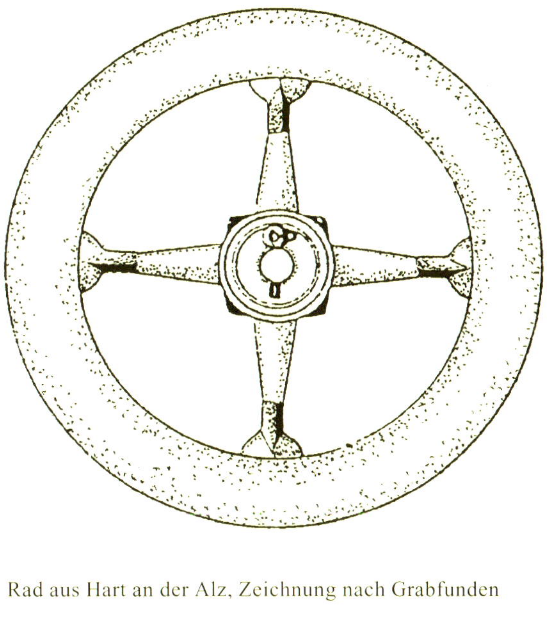

Rad aus Hart an der Alz, Zeichnung nach Grabfunden

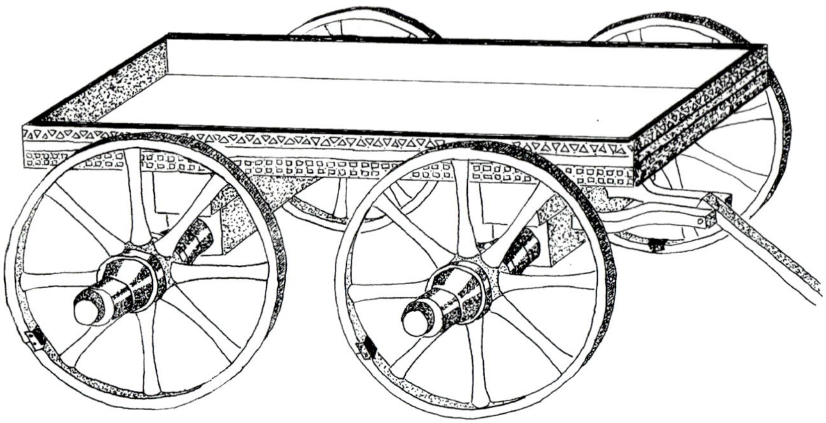

Totenwagen, Zeichnung nach Grabfunden, Repperndorf bei Kitzingen (Unterfranken)

Der Brauch, bedeutende Krieger oder Fürsten mit Waffen und Geräten auf einem Wagen zu verbrennen und mit Beigaben aus Gold und Gefäßen aus Ton und Bronze in einer Grabkammer beizusetzen, war in der frühen Hallstattzeit weit verbreitet, wie andere Wagengräber belegen. Neben den Resten richtiger Wagen fand man in einigen Gräbern auch kleine Nachbildungen aus Bronze, wie den ‘Kultwagen von Acholshausen’ im Landkreis Würzburg. Dabei handelt es sich um ein 18 cm langes und 12 cm hohes vierräderiges Bronzewägelchen, auf dem ein glockenförmiger Kessel steht.Über den Verwendungszweck dieses mit Wasservogelköpfen verzierten Kesselwagens lassen sich nur Vermutungen anstellen. Vielleicht wurde mit ihm Regen erbeten. Denn wie aus Griechenland überliefert ist, wurde in manchen Gegenden in Dürrezeiten durch Schlagen auf den Kessel eines Kultwagens der Donner des Gewitters nachgeahmt und der Wassergott so um Regen angefleht.

Über den Verwendungszweck dieses mit Wasservogelköpfen verzierten Kesselwagens lassen sich nur Vermutungen anstellen. Vielleicht wurde mit ihm Regen erbeten. Denn wie aus Griechenland überliefert ist, wurde in manchen Gegenden in Dürrezeiten durch Schlagen auf den Kessel eines Kultwagens der Donner des Gewitters nachgeahmt und der Wassergott so um Regen angefleht.

Bronzener Kesselwagen (Länge 17,6 cm), Acholshausen bei Würzburg (Unterfranken)

Von Grabhügeln und Grabkammern: Die Hügelgräber der Hallstattzeit

Neben der Feuerbestattung kannten die Kelten auch die **Körperbestattung**. Doch während sie in der frühen Hallstattzeit noch relativ selten anzutreffen ist, wird die Körperbestattung in der späten Hallstatt- und frühen Latènezeit zur vorherrschenden Bestattungsart. Die besonderen Kennzeichen der Gräber dieser Zeit sind der weithin sichtbare **Grabhügel** und die **Grabkammern** für die Aufbahrung der Toten.

Die Größe der Grabhügel, die Ausmaße und die Ausstattung der Grabkammern hingen dabei vom sozialen Stand des Verstorbenen ab. So finden wir kleine Grabhügel von etwa 1 bis 2 m Höhe und einem Durchmesser von 10 bis 20 m, aber auch sogenannte Fürstengräber mit mehr als 100 m Durchmesser und einer Höhe von über 10 m. Um ein Auseinanderfließen des Erdhügels bei Regen zu verhindern, wurde er mit Grassoden abgedeckt und mit einem Steinkranz umgeben.

Grabstele aus der Hallstattzeit (Höhe 105 cm) mit später eingemeißelter Inschrift, Birkach bei Rothenburg o. d. Tauber (Mittelfranken)

Bronzegeschirr aus verschiedenen Gräbern in Oberbayern

Auf der Spitze des Grabhügels wurde dann meist noch eine Grabsäule aus Holz oder Stein aufgestellt.

Das eigentliche Grab bestand aus einer Holzkammer, die entweder in einer Grabgrube versenkt oder ebenerdig aufgestellt wurde. Sie nahm den Toten und die Grabbeigaben auf. Die Größe und Ausstattung der Grabkammer hing, zum einen von der Größe des Verstorbenen, der Art der Beigaben und von der Stellung des Verstorbenen ab. War eine durchschnittliche Grabkammer ca. 3 m lang und 2 m breit, so lag die Seitenlänge bei 'Fürstengräbern' zwischen 4 und 6 m.

Die Stellung des Verstorbenen innerhalb eines Stammes wird aber am deutlichsten durch die Beigaben, die ihm oder ihr mit ins Grab gegeben wurden. Die Grabbeigaben umfassen zum einen Bestandteile der Tracht, Waffen, Werkzeuge und Schmuckstücke, zum anderen Eß- und Trinkgeschirr und mit Nahrungsmitteln gefüllte Ton- oder Metallgefäße. In reich ausgestatteten Grabkammern finden wir darüber hinaus Zaumzeug und Pferdegeschirr oder Reste eines vierräderigen Wagens.

Von toten Fürsten und ihrer feierlichen Beisetzung: Das Fürstengrab von Hochdorf

Reich ausgestattete Grabkammer des Keltenfürsten von Hochdorf: Vielteiliges Trink- und Eßgeschirr, vierräderiger Wagen mit zwei Pferdegeschirren, Totenliege aus Bonze, Waffen, reicher Goldschmuck

◄ Pferdegeschirr, Joch- und Wagenbeschläge aus Gräbern der Mittleren Frankenalb

Da viele Gräber bereits im Altertum wegen ihrer reichen Beigaben geplündert und zerstört wurden, ist eine vollständig erhaltene Grabanlage, wie z.B. das Fürstengrab von Hochdorf bei Ludwigsburg in Baden-Württemberg, eine wahre archäologische Sensation. Es zeigt uns, wie und mit welchem Prunk ein keltischer Fürst um 550 vor Christus zur letzten Ruhe gebettet wurde.

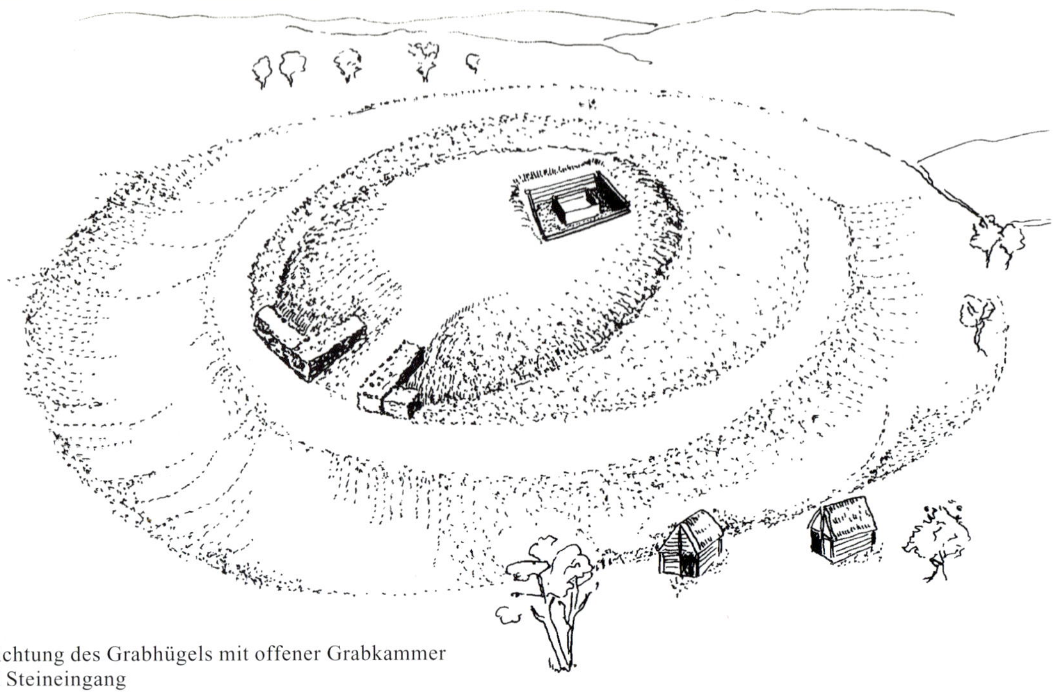

Errichtung des Grabhügels mit offener Grabkammer und Steineingang

Daß zwischen dem Tod des Fürsten und seiner feierlichen Beisetzung wohl einige Wochen vergangen sein müssen, kann als sicher gelten, da die Vorarbeiten für die Grablegung bestimmt viel Zeit in Anspruch nahmen. Wie sein Leichnam in dieser Zeit vor Verwesung geschützt wurde, wissen wir jedoch nicht.

Der Bau der Grabanlage begann mit dem Aushub des rechteckigen Grabschachtes. Er hatte eine Seitenlänge von 11 m und war 2,5 m tief. Danach folgte die Errichtung der äußeren und inneren Grabkammer aus behauenen Eichenstämmen. Der Raum zwischen der äußeren Holzeinfassung (7,4 m x 7,5 m) und der eigentlichen Grabkammer (4,7 m x 4,7 m) wurde dann mit Steinbrocken ausgefüllt. Gleichzeitig wurde im Norden des Grabschachtes ein 1,5 m hohes Podium für die Totenfeier aufgeschüttet und der Eingang zur Grabkammer fertiggestellt.

Daß zahlreiche Grabbeigaben in unmittelbarer Nähe des Begräbnisplatzes angefertigt wurden, zeigen Werkzeugfunde, Schlackenreste, Gußtropfen, halbfertige Gegenstände aus Bronze und Gold, angeschmolzenes Altmetall oder Bernsteinabfälle, die in dem Hügel vergraben wurden.

Ausschnitt von der Rücklehne der bronzenen Totenliege

Wie man sich die eigentliche Totenfeier und Grabniederlegung vorzustellen hat, wissen wir nicht. Vielleicht gab es, wie das reichhaltige Speise- und Trinkservice in der Grabkammer belegt, ein Trink- und Festgelage und Totenspiele mit Wagenrennen und Schwerttänzen, ähnlich den Darstellungen auf der verzierten Totenliege aus Bronze. Den Höhepunkt der Leichenfeier bildete sicher die feierliche Beisetzung des Toten in der mit Beigaben reich ausgeschmückten, offenen Grabkammer. Damit der Tote nicht in seiner letzten Ruhe gestört wurde, verschloß man die Grabkammer mit Eichenbrettern und schichtete über der Grabgrube mehrere Stein- und Holzlagen auf. Sie sollten vor allem verhindern, daß Grabräuber sich an den kostbaren Beigaben zu schaffen machten. In einem letzten Arbeitsgang, der sicher mehrere Monate in Anspruch nahm, wurde dann der gewaltige, 6 m hohe Grabhügel errichtet. Dazu hob man um das Grab einen 1,5 m tiefen und 30 m breiten Graben aus und schüttete den Aushub auf das Grab.

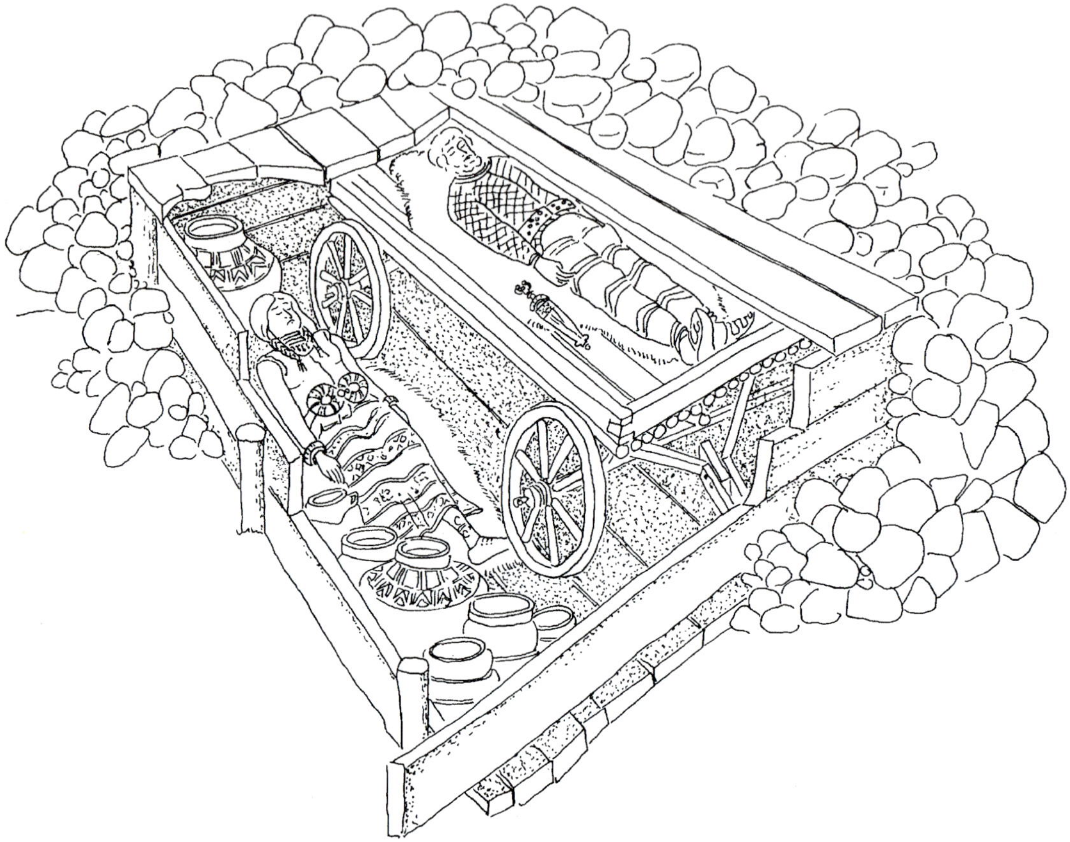

Witwenfolge

Seit der späten Hallstattzeit tauchen neben Einzelgräbern immer wieder Gräber auf, in denen zwei oder mehrere Personen beigesetzt wurden. Ob die Personen, wie in unserem Fall ein Mann und eine Frau, zur gleichen Zeit oder kurz hintereinander verstorben sind und nur gleichzeitig begraben wurden, ist ungewiß. Da Doppelbestattungen aber keine Seltenheit sind, muß man sich die Frage stellen, ob der Tod der Frau nicht möglicherweise im Zusammenhang mit der von Caesar erwähnten "Totenfolge" steht. Unter der 'Toten-' oder 'Witwenfolge' versteht man die Sitte, daß die Witwe ihrem verstorbenen Mann ins Grab folgen mußte, was soviel bedeutet, daß sie getötet und mit ihrem Ehemann begraben wurde.

Von Flachgräbern und fehlenden Gräbern: Die Abkehr von alten Begräbnissitten

Ein Grabhügel, viele Gräber

In der späten Hallstattzeit wurde in manchen Gegenden die Sitte, jedem Toten seinen eigenen Grabhügel zu errichten, aufgegeben. Man begnügte sich damit, die Toten in einen bereits bestehenden Grabhügel zur letzten Ruhe zu betten.

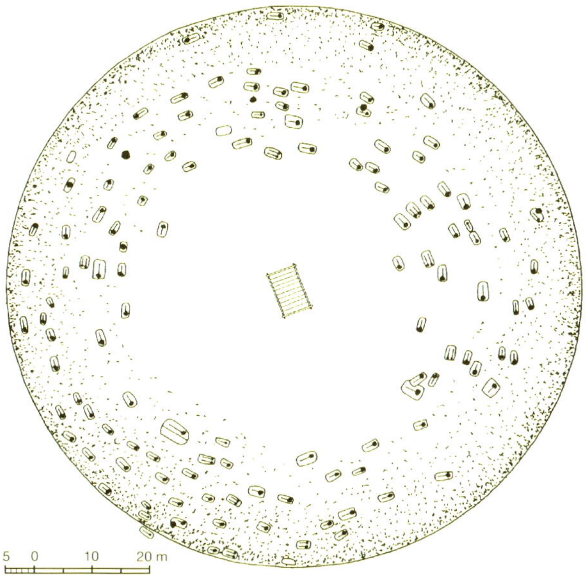

Zentralgrab mit kreisförmig angeordneten Gräbern aus späterer Zeit, Grabhügel am Magdalenenberg bei Villingen-Schwenningen (Baden-Württemberg)

Das Flachgrab setzt sich durch

Zeitgleich mit der großen Keltenwanderung zwischen dem 4. und 3. Jahrhundert vor Christus ist auch ein Wandel in der Art der Beisetzung der Toten festzustellen. Obwohl es noch gelegentlich Nachbestattungen in bereits vorhandenen Grabhügeln gibt, wird ab etwa 400 vor Christus das Begräbnis im **Flachgrab** die vorherrschende Bestattungsart. Ähnlich wie bei heutigen Bestattungen, erfolgte die Beisetzung des Leichnams in einer Erdgrube. Lediglich ein flacher Erdaufwurf oder manchmal auch ein Pfahl markierte das Grab auf den kleinen Friedhöfen.

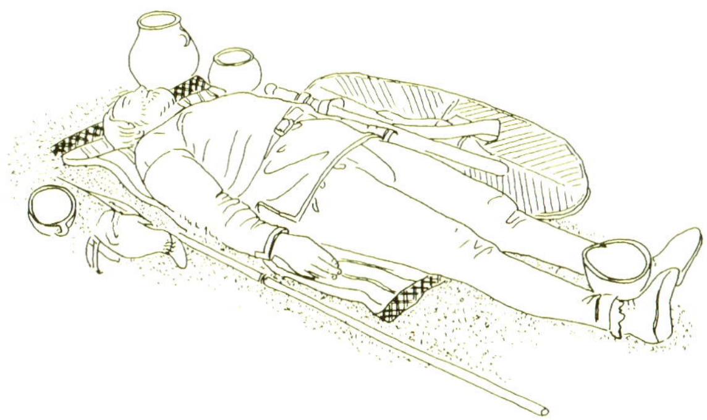

Der erste 'Arzt' in Bayern

Gegen Ende des 3. Jahrhunderts ist nochmals eine Änderung des Totenbrauchs festzustellen. Der Körper des Toten wird nicht mehr bestattet, sondern wie schon früher verbrannt und die Asche in einer Erdgrube beigesetzt. Die Beigaben wurden entweder mitverbrannt oder unversehrt in das Grab gelegt.

Aufgrund solcher Beigaben, nähmlich Waffen und medizinisches Besteck, wissen wir, daß der Verstorbene in einem Brandgrab von Obermenzing in München dem Stand der Krieger angehörte und wohl auch Arzt gewesen sein mußte. Der Arzt, der im 2. Jahrhundert verbrannt wurde, kann wohl sogar als Spezialist bezeichnet werden. Dies bezeugt neben dem Skalpell und dem Wundhaken zum Öffnen von Wunden vor allem eine Säge, mit der in den Schädel ein kreisrundes Loch gesägt werden konnte.

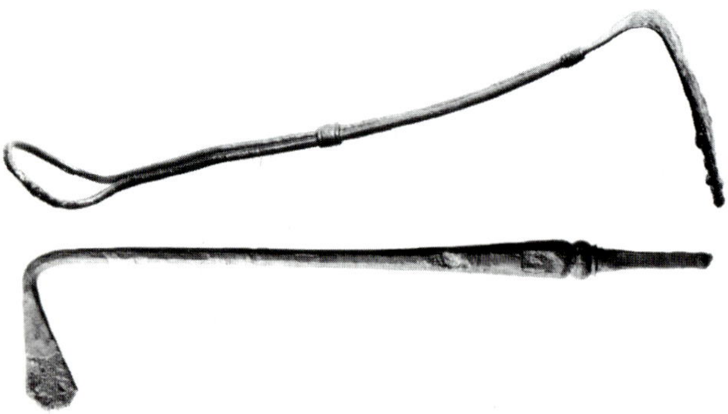

Ärztliches Besteck aus dem Grab von München-Obermenzing (Oberbayern)

Wo Gräber fehlen

Während des letzten Jahrhunderts vor Christus muß sich anscheinend nochmals ein entscheidender Wandel in der Begräbnissitte der Kelten vollzogen haben. Denn innerhalb weniger Jahrzehnte wurde die Sitte, den Toten Beigaben mitzugeben, aufgegeben. Welche Gründe es dafür gab, wissen wir leider nicht. Wo Beigaben und festumgrenzte Friedhöfe, wie wir sie kennen, aber fehlen und die Toten vielleicht verbrannt wurden, ist es für die Archäologen äußerst schwierig, Gräber überhaupt auszumachen. Und wenn es sie gab, so sind sie im weiten Gelände kaum zu entdecken oder werden schlichtweg übersehen.

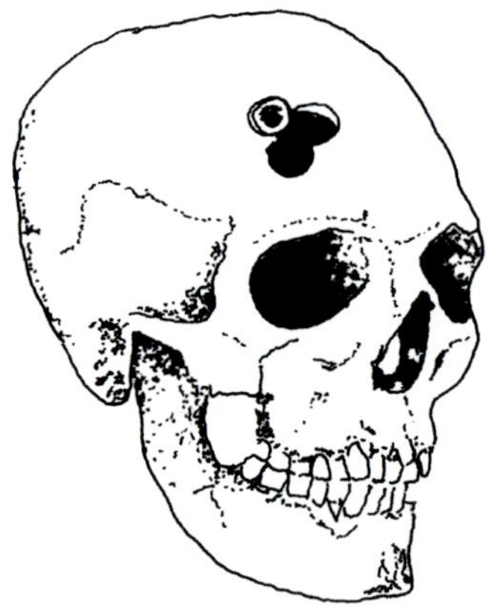

Angebohrter Schädel aus Katzelsdorf (Österreich, 3. Jahrhundert vor Chr.)

Von rätselhaften Knochenfunden: Kannibalismus in Manching?

Während die Frage nach dem Verbleib der Gräber aus dem 1. Jahrhundert vor Christus noch unbeantwortet bleiben muß, erregte ein anderer Fund aus dieser Zeit die Gemüter und beflügelte die Phantasie. Was war um 70 vor Christus mit den ca. 400 Kelten in Manching passiert, deren Knochen in Abfallgruben gefunden worden waren? Wurden sie während einer kriegerischen Auseinandersetzung erschlagen oder auf eine besondere Art beigesetzt?

Die Antwort auf diese Fragen lieferten die Knochen selbst. Denn nach eingehenden Untersuchungen stellten die Archäologen fest, daß die gefundenen Schädel-, Arm- und Beinknochen kaum Kampfverletzungen aufwiesen, doch 95 % der Arme und Beine anscheinend vom Körper abgeschnitten worden waren. Doch aus welchem Grund wurden hauptsächlich die Körper von Männern fachmännisch wie Tiere zerlegt und die Knochenreste in Abfallgruben geworfen?

Die Antwort lautet, daß die Männer wahrscheinlich anläßlich einer Siegesfeier getötet, geopfert und vielleicht sogar verspeist wurden. Von den Kelten wissen wir, daß sie Kopfjäger waren, und die Köpfe ihrer Feinde "*als Ehrenzeichen an die Wände nageln, gerade als hätten sie auf der Jagd ein Wild erlegt. Die Köpfe der Vornehmsten unter den Feinden salben sie ein, bewahren sie in einem Kasten sorgfältig auf und zeigen sie Fremden*", wie Diodor schreibt.

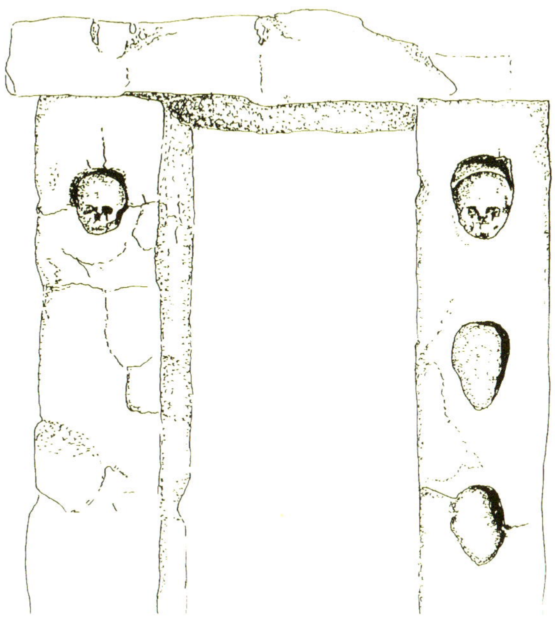

In Kalksteinsäulen zum Heiligtum von Roquepertuse (Frankreich) aus dem 3. Jahrhundert v. Chr. saßen Schädel in eigens dafür geformten Höhlungen.

Welche Götter verehrten die Kelten?

Von Göttern und ihrer Verehrung: Die religiösen Sitten und Bräuche

Unser Wissen über die Götterwelt der Kelten verdanken wir wieder zum größten Teil griechischen und römischen Schriftstellern. Weil sie die keltischen Gottheiten mit ihren eigenen Göttern verglichen und ihre Aufgaben bzw. Zuständigkeitsbereiche beschrieben, kennen wir heute die Namen einiger keltischer Gottheiten der Latènezeit. Es waren **Taranis, Teutates** und **Esus.**

Aufgrund der für die jeweilige Gottheit typischen Merkmale lassen sich die drei Götter einigermaßen leicht auf Kunstwerken der Latènezeit wiedererkennen. Wie sich die Kelten der vorangegangenen Hallstattzeit ihre Götter vorstellten oder wie sie hießen, bleibt uns hingegen verschlossen, da wir aus dieser Zeit weder schriftliche noch bildliche Darstellungen kennen.

Die keltische 'Dreifaltigkeit'

Für die Kelten war die Zahl Drei anscheinend eine heilige Zahl. Sie begegnet uns sowohl in der Kunst als auch in der Religion immer wieder.

Taranis, der oberste Gott und Herrscher des Himmels, wurde oft als Pferd oder als Mischwesen mit Pferdeleib und menschlichem Kopf dargestellt. In menschlicher Gestalt tauchte er meist in Verbindung mit dem keltischen Feuerrad auf. Da er mit Blitz und Donner den Himmel beherrschte, setzten ihn die Römer mit Jupiter gleich.

Ausschnittzeichnung vom Silberkessel von Gundestup, Kopenhagen (Dänemark)

Teutates, den Gott aller Stämme, stellten die Kelten zuerst als Widderkopf oder als Maske mit Widderhörnern dar. Das Gehörn des Widders hat dabei oft die Form eines Doppel-S, das an den Enden spiralförmig eingedreht ist. Da der Widder sowohl als Kriegsgott wie auch als Erfinder aller Künste verehrt wurde, setzten die Römer ihn mit Mars oder Merkur gleich. Als Gott des Krieges und der Künste wird er auch als Eber, in Verbindung mit einem Greifen oder der Lyra, einem Musikinstrument, dargestellt.

Esus, den Gott der Erde, des Waldes und der Pflanzenwelt, finden wir oft in Verbindung mit dem Stier. Wurde er in menschlicher Gestalt dargestellt, so erkennt man ihn an den Mistelzweigen in seinem Haar.

Ausschnittzeichnung vom Silberkessel von Gundestup, Kopenhagen (Dänemark)

Esus auf dem Weihepfeiler der Flußschiffer von Paris (Frankreich)

Ausschnittzeichnung vom Silberkessel vin Gundestrup, Koppenhagen (Dänemark)

Weibliche Gottheiten

Neben diesen drei Göttern kennen wir aber noch etwa 400 andere keltische Gottheiten. Ihre Namen findet man vor allem auf Weihesteinen aus den nachchristlichen Jahrhunderten, also aus einer Zeit, zu der sich die keltische Kultur bereits mit der römischen vermischt hatte. Unter diesen Gottheiten gab es auch eine Vielzahl von Göttinnen. Sie wurden vor allem als Mutter- oder Fruchtbarkeitsgöttinnen verehrt, wie die sogenannten **drei Mütter**, die Reitergöttin **Epona** auf einer Stute, **Arduinna**, die Göttin der Jagd, die dem Ardennenwald ihren Namen gab, die Kriegsgöttin **Nemetona**, die **neun Töchter** des Sonnengottes Belen oder **Brigit**, die große Mutter, deren Namen wir als heilige Brigitta in der katholischen Kirche wiederfinden. Neben diesen Gottheiten kannten und verehrten die Kelten viele geheimnisvolle Wesen, von denen sie glaubten, daß sie in Bäumen, Wäldern, an Flüssen und Seen, in Quellen, in der Luft oder unter der Erde lebten.

Tier- und Menschenopfer

Auch über die geheimnisvollen religiösen Bräuche der Kelten wissen wir recht wenig. Wenn wir Caesar Glauben schenken dürfen, so waren die Gallier (Kelten) nicht nur in hohem Maße religiös, sondern brachten auch Menschenopfer dar. Dies zeigen sowohl Knochenfunde an keltischen Opferstätten der Frühzeit als auch antike Berichte aus dem 1. Jahrhundert vor Christus. Denn wie Brand- und Schnittspuren an menschlichen Knochen in den Schacht- und Spalthöhlen in Oberfranken aus dem 6. bis 4. vorchristlichen Jahrhundert belegen, wurden hier Frauen, Männer und Kinder im Rahmen religiöser Handlungen geopfert und anschließend vermutlich auch verspeist.

Auffallend ist, daß neben den Knochen auch zahlreiche Amulette, wie exotische Kaurimuscheln, Augenperlen, durchbohrte Tierzähne und aus Menschenschädeln geschnittene runde Scheiben, gefunden wurden. Sie sollten ihre Besitzer vor Krankheiten und bösen Geistern schützen.

Der Feuertod war, wie antike Berichte belegen, aber nur eine Art der Götterverehrung. Denn während für Taranis Kriegsgefangene in riesigen Weidenkäfigen verbrannt wurden, forderte Esus, daß die Menschen an heiligen Bäumen aufgehängt oder erstochen oder beides gleichzeitig wurden.

Für Teutates hingegen wurden die Menschen an heiligen Quellen oder Teichen erhängt, erstochen oder ertränkt.

Menschen wurden den Göttern aber anscheinend nur in besonderen Ausnahmesituationen geopfert, **Tieropfer** dagegen waren keine Seltenheit. Wie die zum Teil riesigen Mengen an Asche und verbrannten Tierknochen an sogenannten Brandopferstätten belegen, waren Rinder, Schweine, Schafe und Ziegen das übliche Opfer an die Götter. Interessant dabei ist, daß die Götter nur die Teile des Opfertieres bekamen, an denen sich wenig Fleisch befand, während die Teilnehmer des Opfermahles anscheinend den weitaus größeren Rest selbst aßen. Kaum nachweisbar sind Opfergaben der einfachen Bevölkerung, wie Backwaren, Früchte oder Blumen.

Neben Tier- und Menschenopfern fand man in Seen und Flüssen zahlreiche Waffen, Werkzeuge, Arbeitsgeräte, Schmuckstücke, Bronze- oder Eisenbarren und Münzen als Opfergaben. Handelte es sich bei den Waffen wohl meist um Beutestücke, die nach einer gewonnenen Schlacht den Göttern geopfert wurden, so deuten die anderen Opfergaben mehr auf Bitt- oder Dankgeschenke, ähnlich unseren heutigen Votivgaben an Wallfahrtsorten, hin. Bei der Vermittlung zwischen Göttern und Menschen spielten die Druiden, was soviel wie 'die Wissenden um die Eiche' bedeutet, eine wichtige Rolle.

Von heiligen Bäumen und Misteln: Der Sitz von Göttern und Fabelwesen

Den Kelten waren die Bäume heilig. Sie waren ihrer Meinung nach der Sitz von Göttern und Fabelwesen. Sie trugen den Himmel, und über sie konnten die keltischen Priester, die Druiden, zu den Göttern sprechen. Unter den Bäumen wurde vor allem die Eiche besonders verehrt. Hierzu schrieb Plinius der Ältere:

"*Die Druiden halten nichts heiliger als die Mistel und den Baum, auf dem sie wächst, sofern es der Eichenbaum ist. Unter dem Baum bereiten sie eine Opferzeremonie vor und führen zwei weiße Stiere herbei, deren Hörner zu diesem Anlaß das erste Mal gebunden sind. Ein Priester im weißen Gewand ersteigt den Baum und schneidet mit einer goldenen Sichel die Mistel, die in einem weißen Tuch aufgefangen wird. Daraufhin opfern sie die Stiere und beten.*"

Daß wohl auch Menschen im Rahmen des Baumkultes geopfert wurden, stellt eine Szene auf dem **Silberkessel von Gundestrup** aus Jütland (Dänemark) dar. Sie zeigt vermutlich eine feierliche Prozession von Kriegern, die einen geschmückten Kultbaum tragen, und einen Druiden, der einen Menschen opfert.

Ein Druide (links) opfert einen Mann über einem Opferkessel oder einer Opfergrube. Die Krieger (unten) tragen anscheinend einen Kultbaum. Am Opferzug nehmen auch Reiter (oben) und Signalhornbläser teil.

Auch in Bayern gab es anscheinend den Baumkult. So fand man in Manching die Reste eines **Kultbäumchens**. Der Stamm war aus Laubholz und mit Goldblech überzogen. An seinen Zweigen waren kunstvoll Blätter, Blüten und Früchte aus vergoldetem Bronzeblech angebracht.

Kultbäumchen, Manching (Oberbayern)

Von heiligen Tieren: Die Heiligkeit bestimmter Tiere

Wie bereits erwähnt wurde, glaubten die Kelten, daß bestimmte Tiere ihren Göttern heilig waren, ja daß Götter sogar Tiergestalt annehmen konnten. Unter den Tieren, die mit besonderer Kraft ausgestattet waren, sind hier vor allem Stiere, Eber, Hirsche, Greifen, also mystische Raubvögel, zu nennen. Sie verkörperten Kraft und Wildheit. Daneben wurden der Widder, das Pferd, der Hund, der Hahn, der Schwan, der Kranich oder die Eule verehrt.

Aus Irland, der Heimat der sogenannten 'Inselkelten' wissen wir, daß die Tiere eine wichtige Rolle in den keltischen Sagen und Fabeln spielten. Die Verehrung der Tiere spiegelt sich aber auch in einer Vielzahl von kleinen Kunstwerken wider. Da Holzarbeiten nur in wenigen Ausnahmefällen die Jahrhunderte überdauerten, sind es vor allem aus Bronze gegossene und in Eisen getriebene Tierdarstellungen.

Bronzetiere:
Stier, Weltenburg bei Kelheim (Niederbayern)
Widder, Sempt bei Ebersberg (Oberbayern)
Eber, Umgebung von Lindau a. Bodensee (Schwaben)

Eiserne Achsnägel mit Vogelköpfen (Breite ca. 3,5 cm) aus Bronze, Manching (Oberbayern)

Aufsatz für ein Joch mit Vogel- und Stierköpfen (Höhe 9 cm), Manching (Oberbayern)

Von heiligen Orten: Das Geheimnis der Viereck-schanzen

Neben den (naturgegebenen) Kultstätten, wie Bäumen, Quellen, Flüssen, Seen oder Sümpfen, Höhlen und Erdspalten, errichteten die Kelten auch Heiligtümer. Sie befanden sich entweder innerhalb oder in der Nähe von Ansiedlungen. Wie ihr heutiger Name Keltenschanzen oder **Viereckschanzen** verrät, handelt es sich dabei um viereckige Wall-Grabenanlagen mit einer Seitenlänge von 40 bis 140 m. Es fällt auf, daß sich das Tor zur Schanze nie nach Norden öffnet.

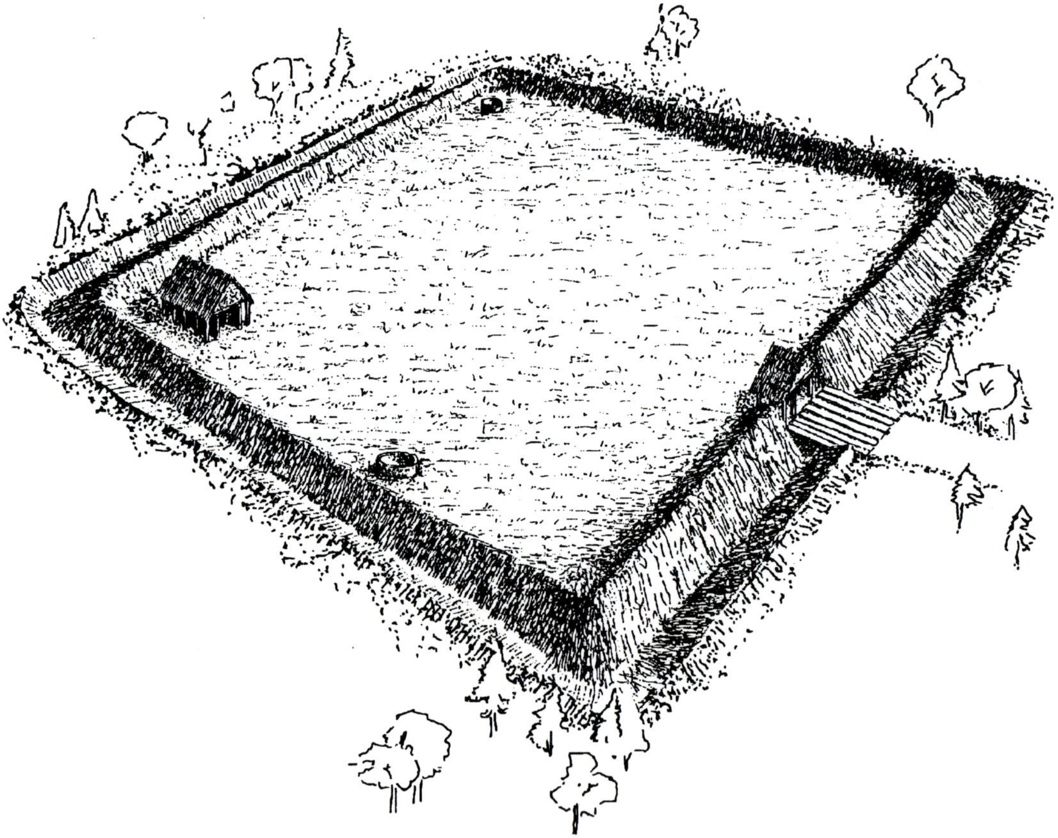

Da sie in Bayern etwa um 150 vor Christus, also am Ende der freien Keltenzeit, gehäuft auftraten und mit hohen Erdwällen und Gräben umgeben waren, hielt man sie zuerst für reine Verteidigungsanlagen. Doch nach genaueren archäologischen Untersuchungen stellte man fest, daß es sich hier um offensichtlich 'heilige Bezirke' handelte. Wie diese Kultstätten, die die Kelten selbst "Nemeta" nannten, genutzt wurden und welche religiösen Handlungen hier vollzogen wurden, läßt sich dabei nur erahnen. So wissen wir von Caesar, daß bei den Galliern einmal im Jahr die Druiden einen geweihten Ort aufsuchten, um Gericht zu halten, und daß an diesen Orten auch Menschen geopfert wurden.

Andere antike Schriftsteller berichten, daß die Stammesoberhäupter ihre Gefolgsleute zu einem Festmahl in einem aus Pfählen und Weidengeflecht umgebenen Bezirk einluden und sie dort reich beschenkten.

Ob es sich bei den Viereckschanzen um ein Heiligtum oder einen Versammlungsort handelte, kann jeweils nur im Einzelfall geklärt werden. Doch sehen wir, was die archäologischen Untersuchungen bei einer der beiden **Viereckschanzen von Holzhausen,** südlich von Grünwald bei Deining, ergaben:

Bei der Untersuchung der Anlage mit den Maßen von 85 m x 90 m stellte man fest, daß die Anlage nicht weniger als fünfmal umgebaut wurde, wobei ihre Ausmaße stets beibehalten wurden. Zunächst war das Rechteck nur mit einem Holzzaun umgeben. Innerhalb der Umfriedung fanden die Archäologen in der Westecke die Reste eines Holzhauses (6,5 m x 7 m) und im Südwesten einen mehr als 18 m tiefen Schacht. In ihm fand man in verschiedenen Ebenen Reste von Brandopfern und eine Fleischgabel aus Metall. Geht man davon aus, daß es sich bei dem Haus um einen Tempel und bei dem Schacht um eine Opferstätte handelte, so könnte diese Viereckschanze ein 'heiliger Ort' gewesen sein.

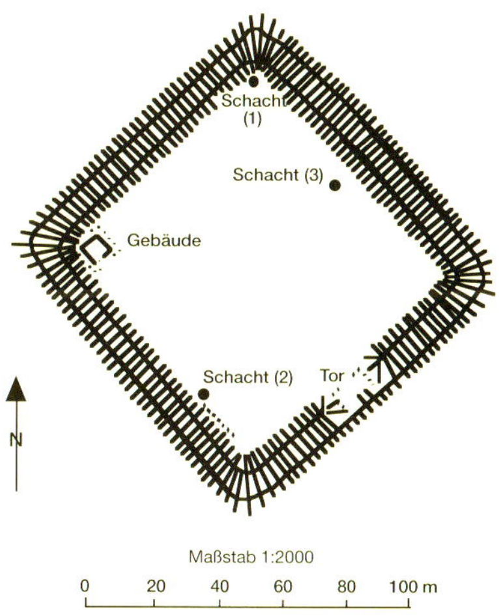

Plan der Viereckschanzue von Holzhausen

Irgendwann im 1. Jahrhundert vor Christus wurde dann der Zaun durch Wall und Graben ersetzt und im Norden zwei weitere Schächte gegraben. Die Überraschung späterer Ausgräber war groß, als man im kleineren der beiden Schächte, der 6,5 m tief war, einen mit Steinen verkeilten Holzpfahl fand. Er könnte beweisen, daß auch in Südbayern der Baumkult gepflegt wurde. Daß im Zusammenhang mit diesem Kult vielleicht auch Menschen geopfert wurden, lassen chemische Untersuchungen vermuten. Sie zeigen, daß die Grubenfüllung mit Zerfallsprodukten von Tier- und Menschenblut und -fleisch durchsetzt war.

Der dritte Schacht der Anlage war etwa 35,6 m tief und fast bis zur Hälfte mit Holz verschalt. Er enthielt neben Brandopferresten auf verschiedenen Ebenen am Boden des Schachtes eine Holzscheibe.

Was geschah wann und wo?

Geschichte auf einen Blick

Zeit	Funde aus	Ereignisse in
Urnenfelderzeit	**Späte Bronzezeit**	**Europa**
1200 - 750 v. Chr.	*Befestigte Zentralorte auf Bergen* *Dörfer in den Tälern* *Verbrennung der Toten, Urnenbestattung in flachen Gräberfeldern und Grabhügeln*	Um 1200 v. Chr. Zerstörung Trojas
1200 v. Chr.	*Gefäße mit Zylinderhälsen, Rillenmustern, Einstichen, Buckeln* *Eingliedrige Fibeln* *Dreiwulstschwerter* *Wagengräber*	
1000 - 800 v. Chr.	*Trichterhalsgefäße* *Spitzfüßige Becher* *Schalen mit Innenmuster* *Zweiteilige Plattenfibeln* *Vollgriffschwerter* *Kultwagen*	814 v. Chr. Gründung Karthagos 753 v. Chr. Angebliche Gründung Roms

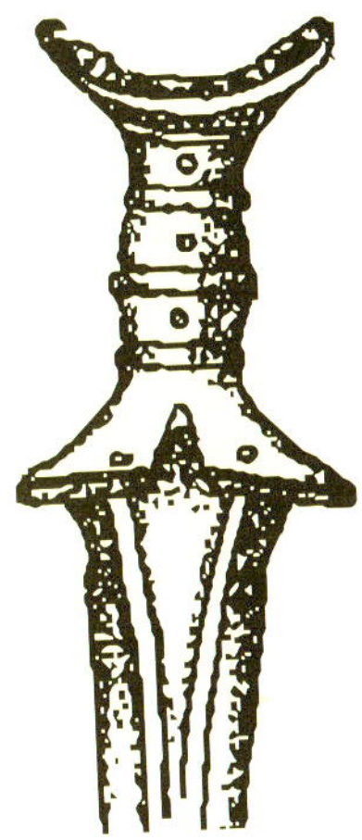

Zeit	Funde aus	Ereignisse in
Hallstattzeit	**Ältere Eisenzeit**	**Europa**
750 - 480 v. Chr.	*Kleine burgähnliche Siedlungen auf Bergen* *Südbayern: Gutshöfe mit Palisadenzäunen* *Verbrennung der Toten Beisetzung in Urnen in Hügelgräbern (Fürstengräber)*	753 v. Chr. Angebliche Gründung Roms
700 - 600 v. Chr.	*Mehrfarbig bemalte Töpferwaren* *Tonfiguren und bildliche Darstellungen auf Tongefäßen* *Schwerter* *Lanzenspitzen* *Beile aus Eisen* *Teile von vierrädrigen Wagen und Pferdegeschirr* *Fibeln, Gewandnadeln* *Dolch wird Standesabzeichen der Fürsten*	um 700 v. Chr. erste Münzen in der heutigen Türkei nach 700 v. Chr. Etrusker treten ihre Herrschaft in Mittelitalien an
600 v. Chr.	*Schmuck mit Koralleneinlagen* *Armringe aus Pechkohle*	um 600 v. Chr. Griechen gründen Marseille um 530 v. Chr. Vordringen der Etrusker nach Norditalien in die Poebene

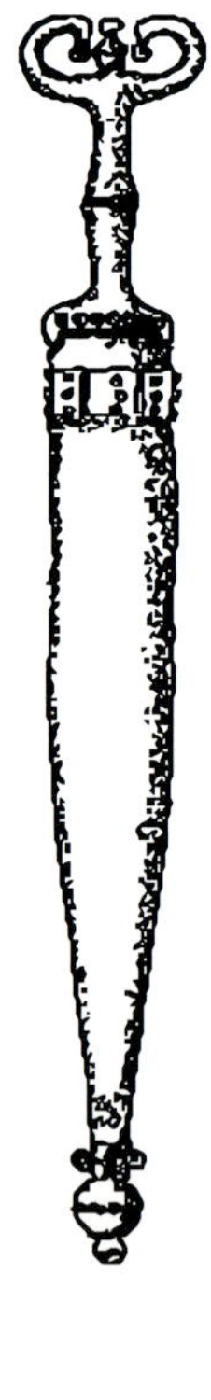

Zeit	Funde aus	Ereignisse in
Frühe Latènezeit	**Jüngere Eisenzeit**	**Europa**
ca. 480/450 - 400 v. Chr.	*Neue Machtzentren in Südwestdeutschland*	514/510 v. Chr. Vertreibung der Tyrannen und Könige aus Athen und Rom
	Kaum neue Grabhügel, sondern in Nachbestattungen bestehende Grabhügel	490 - 479 v. Chr. Sieg der Griechen über die Perser
	Große und befestigte Siedlungen Leichenbestattungen in Grabhügeln mit nur wenigen Beigaben	480 v. Chr. Schlacht bei Salamis
500 - 400 v. Chr.	*Gedrehte Töpferwaren* *Linsenflaschen* *Schwerter* *Tier- und Maskenfibeln* *Knotenarmringe* *Schichtaugenperlen*	462/461 v. Chr. Demokratie in Athen

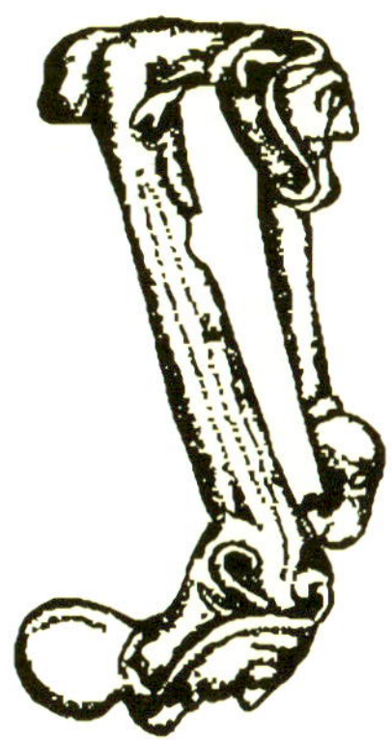

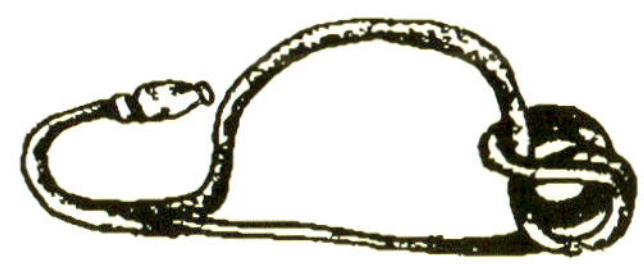

Zeit	Funde aus	Ereignisse in
Mittlere Latènezeit	**Jüngere Eisenzeit**	**Europa**
ca. 480 - 170 v. Chr.		
400 - 300 v. Chr.	***Zeit der großen Keltenwanderung durch Europa***	387/386 v. Chr. Brandschatzung Roms durch die Kelten
	Zusammengeschmiedete Schwerter aus mehreren Lagen Eisen *Drahtförmige Fibeln* *Hohlbuckelringe*	336 - 323 v. Chr. Alexander der Große
300 -200 v. Chr.	*Gedrehte Töpferware, u.a. aus Graphitton* *große Lanzenspitzen* *Armringe aus Glas* *Münzen*	279 v. Chr. Kelten in Delphi 278 v. Chr. Zug der Kelten in die heutige Türkei 218 v. Chr. Hannibals Überquerung der Alpen

Zeit	Funde aus	Ereignisse in
Späte Latènezeit	**Jüngere Eisenzeit**	**Europa**
170 - 15 v. Chr.	*Oppida, städtische Siedlungen mit gewaltigen Wehrmauern* *Verbrennung der Toten, Beisetzung in Erdgruben oder Urnen* *Friedhöfe mit Flachgräbern*	189 v. Chr. Vertreibung der Boier aus Norditalien
ab 150 v. Chr.	*Töpferware aus Ton und Graphitton,* *bemalte Töpferware* *Fibeln* *Glasschmuck* *Hausschlüssel* *Werkzeuge und Geräte aus Eisen* *kleine Bronzetiere* *Münzen* *Keine Grabfunde*	58 - 51 v. Chr. Eroberung Galliens durch Caesar
15 v. Chr. Ende des keltischen Jahrtausends	*Sieg des Tiberius und Drusus über die Kelten in Bayern*	Römer besetzen Südbayern Germanische Landnahme in Nordbayern

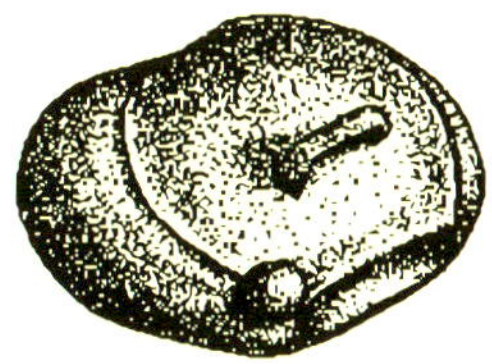

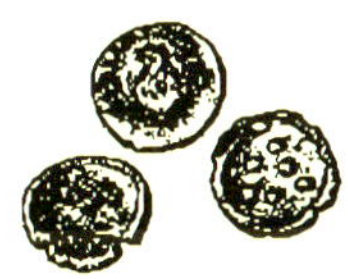

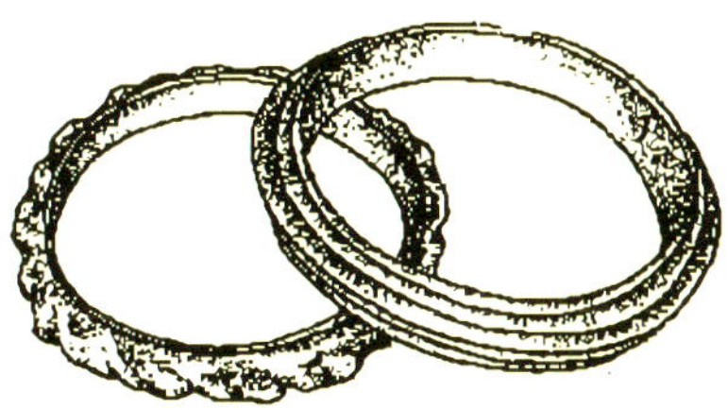

Wo kann man mehr über die Kelten erfahren?

Anregungen zum Lesen

Kinder- und Jugendliteratur

Beyerkein, G.:
Die Keltenkinder. Würzburg 1987

Connolly, P.: Hannibal und die Feinde Roms. Hamburg 1978

Fagg, Chr.: Atlas der Geschichte - Von den Anfängen bis zur Völkerwanderung. München/Zürich 1980

Geschichte mit Pfiff: Volk aus dem Dunkel - Die Welt der Kelten. Heft 4/82

Giromini, F.: Die Kelten. Würzburg 1983

Grund, C. J.: Die Stadt der Pferdegöttin. Bindlach 1989

Guidetti, M.: Europa in der Antike - Griechenland und Rom. Hamburg 1986

Lorenz, H.:
Rundgang durch eine keltische "Stadt". Pfaffenhofen 1986

Museumspädagogisches Zentum München (Hrsg.):
In der ersten Stadt auf bayerischem Boden. Arbeitsheft zu Objekten der Prähistorischen Staatssammlung München. München 1988

Museumspädagogisches Zentum München (Hrsg.):
Bei den Kelten in Bayern. Arbeitsheft zu Objekten der Prähistorischen Staatssammlung München. München 1991

Petersen, P.: Florian erlebt die Eisenzeit. Oberursel/Taunus 1982

Stopfel, U. : Europa in der Vorzeit. Hamburg 1985

Für alle, die noch mehr wissen wollen

Archäologie in Deutschland:
Kunst der Kelten (Schwerpunktthema). Heft 4/1992

Biel, J.: Der Keltenfüst von Hochdorf. Stuttgart 1985

Bittel, K. (Hrsg.): Die Kelten in Baden-Württemberg. Stuttgart 1981

Cunliffe, B.: Die Kelten und ihre Geschichte. Bergisch Gladbach 1980

Bayerisches Landesamt für Denkmalpflege, Gesellschaft für Archäologie in Bayern (Hrsg.):
Das archäologische Jahr in Bayern 1980 - 1984 (4 Bände). Stuttgart 1981-1985

Bayerisches Landesamt für Denkmalpflege (Hrsg.):
Schätze aus Bayerns Erde - 75 Jahre archäologische Denkmalpflege in Bayern, Arbeitsheft 17. München 1983

Dannheimer, H.:
Prähistorische Staatssammlung München. Die Funde aus Bayern (Katalog). München / Zürich 1976

Dannheimer, H. / Gebhard, R. (Hrsg.): Das keltische Jahrtausend. Katalog der Prähistorischen Staatssammlung München zur Landesausstellung in Rosenheim. München 1993

Amt der Salzburger Landesregierung (Hrsg.): Die Kelten in Mitteleuropa. Katalog zur Salzburger Landesausstellung im Keltenmuseum Hallein/Österreich. Salzburg 1980

Dillon, M. / Chadwick, N. K.: Die Kelten - Von der Vorgeschichte bis zum Normanneneinfall. Zürich 1966

Garbsch, J.: Mann und Roß und Wagen - Transport und Verkehr im antiken Bayern. Katalog der Prähistorischen Staatssammlung München. München 1986

Gebhard, R. / Lorentzen, A.: Die Kelten in Bayern. Hrsg. vom Haus der Bayerischen Geschichte. München 1993

Graichen, G. (Hrsg.): C 14 Vorstoß in die Vergangenheit - Archäologische Entdeckungen in Deutschland. München 1992

Herm, G.: Die Kelten - Das Volk, das aus dem Dunkel kam. Hamburg 1977

Heyn, H.: Illustrierte Zeittafel zur bayerischen Geschichte - Bayerns Vorzeit. Rosenheim 1984

Kutscha, Gudrun: Auf den Spuren der Vorzeit. Wien 1976

Lessing, E.: Hallstatt - Bilder aus der Frühzeit Europas. Wien / München 1980

Norton - Taylor, D.: Die Frühzeit des Menschen - Die Kelten. Hamburg 1978

Osterwalder, Chr.: Fundort Schweiz: Von den ersten Bronzegießern bis zu den Helvetiern (Band 2). Solothurn 1984

Pauli, L.: Keltischer Volksglaube. München 1975

Pauli, L.: Die Alpen in Frühzeit und Mittelalter. München 1980

Reiser, R.: Die Kelten in Bayern und Österreich. Rosenheim 1984

Rieckhoff, S.: Faszination Archäologie: Bayern vor den Römern. Regensburg 1990

Spindler, K.: Die frühen Kelten. Stuttgart 1983

Torbrügge, W. / Uenze, H. P.: Bilder zur Vorgeschichte Bayerns. Konstanz 1968

Uenze, H. P.: Prähistorische Staatsammlung. Münchner Führer durch die Abteilung Vorgeschichte II Kelten. München 1978

Berichte aus erster Hand

Caesar, C. J.:
Der Gallische Krieg. Hamburg 1976

Herodot:
Die Bücher der Geschichte.
Stuttgart 1978

Herrmann, J.:
Griechische und lateinische Quellen zur Frühgeschichte Mitteleuropas bis zur Mitte des 1. Jahrtausends u. Z., Berlin 1988 (Original und Übersetzung - u.a. Herodot, Diodor, Caesar)

Abbildungsnachweis

Umschlag (Titelbild): Kopf einer keltischen Göttin, Manching (Oberbayern)
Foto: M.M. Vision, Multimedia GmbH, Andechs: Michel/Prähistorische Staatssammlung München
Umschlag (Rückseite): Bronzener Kesselwagen, Foto: M.M. Vision, Multimedia GmbH, Andechs: Michel/Prähistorische Staatssammlung München

Wer waren die Kelten ?

Karte: "Hallstatt und La Tène " © MPZ
Karte: "Siedlungsgebiet der Kelten und ihre Wanderungen" © MPZ
Karte: "Keltische Stämme, Städte u. Siedlungen in Bayern" nach: Rieckhoff, S.: Faszination Archäologie: Bayern vor den Römern. Regensburg 1990
Leierspieler, Foto: S
. Mulzer/Prähistorische Staatssammlung München

Wie sahen die Kelten aus ?

Frauentrachten aus Großeibstadt und Birkenfeld, umgezeichnet nach: Bayerisches Landesamt für Denkmalpflege (Hrsg.): Schätze aus Bayerns Erde - 75 Jahre archäologische Denkmalpflege in Bayern/Arbeitsheft 17. München 1983
Perlenkette aus Bernstein, Foto: S. Mulzer/Prähistorische Staatssammlung München
Bronzener Halsringsatz, Foto: Prähistorische Staatssammlung München
Schwanenhalsnadeln, Fibeln, Hals- und Armringe aus einem Frauengrab, Foto: Prähistorische Staatssammlung München
Bronzefibel mit Tierfiguren, Foto: Prähistorische Staatssammlung München
Schlangenfibel, Foto: Prähistorische Staatssammlung München
Bronzener Hohlwulstring: H. Dannheimer/Prähistorische Staatssammlung München
Ausschnitt eines Gürtelbleches, Foto: S. Mulzer/Prähistorische Staatssammlung München
Frauentracht aus Straubing-Alburg, umgezeichnet nach: Bayerisches Landesamt für Denkmalpflege, Gesellschaft für Archäologie in Bayern (Hrsg.): Das archäologische Jahr in Bayern 1981. Stuttgart 1982
Lageplan des Frauengrabes aus Straubing-Alburg, aus Bayerisches Landesamt für Denkmalpflege, Gesellschaft für Archäologie in Bayern (Hrsg.): Das archäologische Jahr in Bayern 1981. Stuttgart 1982
Bronzener Halsring, umgezeichnet nach: Foto: Prähistorische Staatssammlung München
Fußring, Foto: S. Mulzer/Prähistorische Staatssammlung München
Armringe aus Glas, Foto: M.M. Vision, Multimedia GmbH, Andechs: Michel/Prähistorische Staatssammlung München
Bronzene Gürtelkette, Foto: Prähistorische Staatssammlung München
Bonzefibeln mit Maske und Tierkopf, aus Bayerisches Landesamt für Denkmalpflege, Gesellschaft für Archäologie in Bayern (Hrsg.): Das archäologische Jahr in Bayern 1981. Stuttgart 1982
Detail der Maskenfibel, Foto: M.M. Vision, Multimedia GmbH, Andechs: Michel/Prähistorische Staatssammlung München
Reicher Grabschmuck eines Mädchen, aus: Amt der Salzburger Landesregierung (Hrsg.): Die Kelten in Mitteleuropa. Katalog zur Salzburger Landesausstellung im Keltenmuseum Hallein/Österreich. Salzburg 1980
Münzbild: Kopf eines Kelten, Foto: Prähistorische Staatssammlung München
Bronzebeschlag: Kopf eines Kelten, umgezeichnet nach: Amt der Salzburger Landesregierung (Hrsg.): Die Kelten in Mitteleuropa. Katalog zur Salzburger Landesausstellung im Keltenmuseum Hallein/Österreich. Salzburg 1980
Steinkopf eines Kelten, umgezeichnet nach: Foto: M.M. Vision, Multimedia GmbH, Andechs: Michel /Prähistorische Staatssammlung München
Keltischer Häuptling, umgezeichnet nach B.Pfeifroth, aus: Rieckhoff, S.: Faszination Archäologie: Bayern vor den Römern. Regensburg 1990
Steinerne Grabstele eines Mannes, aus: Bittel, K. (Hrsg.) Die Kelten in Baden-Württemberg. Stuttgart 1981

Dolch, Foto: H. Dannheimer/Prähistorische Staatssammlung München
Reiterkampf, umgezeichnet nach: Amt der Salzburger Landesregierung (Hrsg.): Die Kelten in Mitteleuropa. Katalog zur Salzburger Landesausstellung im Keltenmuseum Hallein/Österreich. Salzburg 1980
Waffen aus der Hallstattzeit, Foto: Prähistorische Staatssammlung München
Bronzebeil, Foto: Prähistorische Staatssammlung München
Kriegszug, umgezeichnet nach: Amt der Salzburger Landesregierung (Hrsg.): Die Kelten in Mitteleuropa. Katalog zur Salzburger Landesausstellung im Keltenmuseum Hallein/Österreich. Salzburg 1980
Lanzenspitzen, Foto: Prähistorische Staatssammlung München
Schwertgriff, umgezeichnet nach: Amt der Salzburger Landesregierung (Hrsg.): Die Kelten in Mitteleuropa. Katalog zur Salzburger Landesausstellung im Keltenmuseum Hallein / Österreich. Salzburg 1980
Schwertscheide mit drei Vogelköpfen, Foto: Prähistorische Staatssammlung München
Schildbuckel, Foto: H. Dannheimer/Prähistorische Staatssammlung München
Schild mit eisernem Schildbuckel, umgezeichnet nach: Amt der Salzburger Landesregierung (Hrsg.): Die Kelten in Mitteleuropa. Katalog zur Salzburger Landesausstellung im Keltenmuseum Hallein/Österreich. Salzburg 1980
Krieger mit Kettenhemd, umgezeichnet nach: Amt der Salzburger Landesregierung (Hrsg.): Die Kelten in Mitteleuropa. Katalog zur Salzburger Landesausstellung im Keltenmuseum Hallein/Österreich. Salzburg 1980
Rätischer Bronzehelm mit alter Reparatur, Foto: S. Mulzer / Prähistorische Staatssammlung München
Umzeichnung des bronzenen Spitzhelms aus dem Main bei Garstadt
Umzeichnung des halbkugeligen Bronzehelms, Hallein-Dürrnberg (Österreich)
Streitwagen, umgezeichnet nach: Connolly, P.: Hannibal und die Feinde Roms. Hamburg 1978
Lanzen, Schilder, Feldzeichen und Signalhörner, umgezeichnet nach: Connolly, P.: Hannibal und die Feinde Roms. Hamburg 1978

Wie lebten die Kelten?

Haus mit Firstträger, umgezeichnet nach: Historische Museen der Stadt Köln: Kölner Römer-Illustrierte, 2 1975
Ausschnitt aus dem Grundrißplan einer Siedlung aus der Hallstattzeit, Eching bei Freising, aus Bayerisches Landesamt für Denkmalpflege, Gesellschaft für Archäologie in Bayern (Hrsg.): Das archäologische Jahr in Bayern 1980. Stuttgart 1981
Ostansicht des Herrenhofes mit Torhaus, umgezeichnet nach: Bayerisches Landesamt für Denkmalpflege, Gesellschaft für Archäologie in Bayern (Hrsg.): Das archäologische Jahr in Bayern 1980. Stuttgart 1981
Heuneburg, umgezeichnet nach: Stopfel, U.: Europa in der Vorzeit. Hamburg 1985
Wohnhäuser und Werkstätten der Heuneburg, umgezeichnet nach: E. Gersbach, in: Biel, J.: Der Keltenfüst von Hochdorf. Stuttgart 1985
Lageplan des keltischen Oppidums von Manching, © MPZ
Handwerkerviertel im keltischen Oppidum von Manching, Foto: M.M. Vision, Multimedia GmbH, Andechs: Michel/Prähistorische Staatssammlung München
Schnitt durch den Wall, Zeichnung von G. Ludwig, aus Museumspädagogisches Zentrum München (Hrsg.): In der ersten Stadt auf bayerischem Boden. Arbeitsheft zu Objekten der Prähistorischen Staatssammlung München. München 1988
Ein neuer Schutzwall wird errichtet, Zeichnung von G. Ludwig, aus: Museumspädagogisches Zentrum München (Hrsg.): In der ersten Stadt auf bayerischem Boden. Arbeitsheft zu Objekten der Prähistorischen Staatssammlung München. München 1988
Reges Leben am Osttor, Zeichnung von G. Ludwig, aus: Museumspädagogisches Zentrum München (Hrsg.): In der ersten Stadt auf bayerischem Boden. Arbeitsheft zu Objekten der Prähistorischen Staatssammlung München. München. München 1988
Dolch, Foto: Prähistorische Staatssammlung München
Waffen und ärztliches Besteck, Foto: Prähistorische Staatssammlung München
Druide opfert einen Mann, Umzeichnung nach dem Silberkessel von Gundestrup, Nationalmuseum Kopenhagen
Leierspieler, Foto: S. Mulzer/Prähistorische Staatssammlung München
Bäuerliches Arbeitsgerät, Foto aus: Pauli, L.: Die Alpen in Frühzeit und Mittelalter. München 1980

Pflanzen, umgezeichnet nach: Kröber-Grohne, U.: Nutzpflanzen in Deutschland - Kulturgeschichte und Biologie, Stuttgart 1987
Tonpferdchen, Foto: S. Mulzer/Prähistorische Staatssammlung München
Abgerollter Tierfries von der Linsenflasche , umgezeichnet nach L. Pauli, aus: Rieckhoff, S.: Faszination Archäologie: Bayern vor den Römern. Regensburg 1990
Linsenflasche, Foto: Prähistorische Staatssammlung München
Bruchstück eines griechischen Tongefäßes und zeichnerische Ergänzung, Foto: M.M. Vision, Multimedia GmbH, Andechs: Michel/Prähistorische Staatssammlung München
Eiserne Feuerböcke und Bratspieße, Foto: Prähistorische Staatssammlung München
Amphore aus getriebenem Bronzeblech, Foto: Prähistorische Staatssammlung München
Bruchstück einer römischen Amphore aus Ton, Foto: Prähistorische Staatssammlung München
Keltische Münzen, Foto: Prähistorische Staatssammlung München
Karte: Rohstoffe aus der Zeit der Kelten, umgezeichnet nach Rieckhoff, S. :Faszination Archäologie: Bayern vor den Römern. Regensburg 1990
Griechische und keltische Münze, umgezeichnet nach: I Celti, Katalog zur Keltenausstellung im Palazzo Grassi/Venedig 1991. Mailand 1991, und Lorenz, H. : Rundgang durch eine keltische "Stadt". Pfaffenhofen 1986
"Regenbogenschüsselchen", Foto: Prähistorische Staatssammlung,
Keltische Goldmünzen, Prähistorische Staatssammlung, Foto: M.M. Vision, Multimedia GmbH, Andechs: Michel
Tonform, Foto: Prähistorische Staatssammlung München
Münzstempel, nach Zeichnung von G. Ludwig, aus: Museumspädagogisches Zentrum München (Hrsg.): In der ersten Stadt auf bayerischem Boden.
Arbeitsheft zu Objekten der Prähistorischen Staatssammlung München. München 1988
Geldbörse, Foto: Prähistorische Staatssammlung München
Kupferbergbau, Umzeichnung nach: Stopfel, U.: Europa in der Vorzeit. Hamburg 1985
Bronzestier, Foto: S. Mulzer/Prähistorische Staatssammlung München
Gürtel aus getriebenem Bronzeblech, Foto: Prähistorische Staatssammlung München
Eimerförmiges Gefäß, Breitrand-Fußschale und Schöpfkännchen, Foto: M. Eberlein/Prähistorische Staatssammlung München
Eisengewinnung, umgezeichnet nach G. Ludwig, Museumspädagogisches Zentrum München (Hrsg.): Bei den Kelten in Bayern. Arbeitsheft zu Objekten der Prähistorischen Staatssammlung München. München. München 1991
Schwerter, Lanze und Schildbuckel aus Eisen, Foto: Prähistorische Staatssammlung München
Eisernes Werkzeug, Foto: Prähistorische Staatssammlung München
Bauchiges Kegelhalsgefäß mit roter Bemalung und Ziermuster, Foto: Prähistorische Staatssammlung München
Beutelförmiges Tongefäß mit figürlicher Verzierung, Foto: H. Dannheimer/Prähistorische Staatssammlung München
Handwerker an einer schnell drehenden Töpferscheibe, umgezeichnet nach: Rieckhoff, S.: Faszination Archäologie: Bayern vor den Römern. Regensburg 1990
Gedrehte Gefäße, Foto: Prähistorische Staatssammlung München
Bemaltes Trinkgeschirr und Gebrauchgeschirr, Foto: Römisch-Germanische Kommission, Außenstelle Ingolstadt, Manching Archiv
Frauen beim Spinnen und Weben, umgezeichnet nach: Rieckhoff, S. : Faszination Archäologie: Bayern vor den Römern. Regensburg 1990
Webgewichte aus Ton, Prähistorische Staatssammlung München
Frauen beim Weben, umgezeichnet nach: Rieckhoff, S. :Faszination Archäologie: Bayern vor den Römern. Regensburg 1990
Seidenbesticktes Tuch, aus: Bittel, K. (Hrsg.): Die Kelten in Baden-Württemberg. Stuttgart 1981
Eiserne Geräte zur Lederverarbeitung, aus: Pauli, L. : Die Alpen in Frühzeit und Mittelalter. München 1980
Joch mit Bronzebeschlägen, Foto: M. Berger / Prähistorische Staatssammlung München
Eiserne Geräte zur Holzverarbeitung , aus Pauli, L. : Die Alpen in Frühzeit und Mittelalter. München 1980
Beim Wagner, umgezeichnet nach G. Ludwig, aus: Museumspädagogisches Zentrum München (Hrsg.): Bei den Kelten in Bayern. Arbeitsheft zu Objekten der Prähistorischen Staatssammlung München. München 1991

Wie bestatteten die Kelten ihre Toten ?

Urnengrab, Foto: Prähistorische Staatssammlung München
Grabhügel mit Grabkammer umgezeichnet nach einer Rekonstruktion des Bayerischen Landesamtes für Denkmalpflege, aus: Museumspädagogisches Zentrum München (Hrsg.): Grabkult in Bayern - von der Steinzeit bis zum frühen Mittelalter, München 1984
Rad von Hart an der Alz, umgezeichnet nach: Garbsch, J.: Mann und Roß und Wagen - Transport und Verkehr im antiken Bayern. Katalog der Prähistorischen Staatssammlung München. München 1986
Totenwagen von Repperndorf, umgezeichnet nach einer Rekonstruktion des Bayerischen Lamndesamtes für Denkmalpflege, aus: Heyn, H. : Illustrierte Zeittafel zur bayerischen Geschichte - Bayerns Vorzeit. Rosenheim 1984
Bronzener Kesselwagen, Foto: M.M. Vision, Multimedia GmbH, Andechs: Michel/Prähistorische Staatssammlung München
Grabstele aus Birkach, Foto: H. Dannheimer/Prähistorische Staatssammlung München
Bronzegeschirr, Prähistorische Staatssammlung München
Pferdegeschirr, Joch- und Wagenbeschläge, Foto: Schmidt, W. , aus: Rieckhoff, S. :Faszination Archäologie: Bayern vor den Römern. Regensburg 1990
Grabkammer des Keltenfürsten von Hochdorf, umgezeichnet nach: Biel, J.: Der Keltenfüst von Hochdorf. Stuttgart 1985
Errichtung des Grabhügels, umgezeichnet nach: Biel, J. : Der Keltenfüst von Hochdorf. Stuttgart 1985
Ausschnitt von der Rücklehne der Totenliege, umgezeichnet nach: Biel, J.: Der Keltenfüst von Hochdorf. Stuttgart 1985
Witwenfolge, umgezeichnet nach G. Ludwig, aus: Museumspädagogisches Zentrum München (Hrsg.): Bei den Kelten in Bayern. Arbeitsheft zu Objekten der Prähistorischen Staatssammlung München. München 1991
Zentralgrab mit Nachbestattungen, umgezeichnet nach Bittel, K. (Hrsg.): Die Kelten in Baden-Württemberg. Stuttgart 1981
Ärztliches Besteck, Foto: S. Mulzer/Prähistorische Staatssammlung München
Angebohrter Schädel, umgezeichnet aus: I Celti, Katalog zur Keltenausstellung im Palazzo Grassi/Venedig. Mailand 1991
Kalksteinsäulen mit Schädel, umgezeichnet nach dem Original im Musée Borély/Marseille

Welche Götter verehrten die Kelten?

Taranis und Teutates, Umzeichnung nach dem Silberkessel von Gundestrup, Nationalmuseum Kopenhagen
Esus, Umzeichnung nach: Amt der Salzburger Landesregierung (Hrsg.): Die Kelten in Mitteleuropa. Katalog zur Salzburger Landesausstellung im Keltenmuseum Hallein/Österreich. Salzburg 1980
Weibliche Gottheit, Umzeichnung nach dem Silberkessel von Gundestrup, Nationalmuseum Kopenhagen
Opferzug, Umzeichnung nach dem Silberkessel von Gundestrup, Nationalmuseum Kopenhagen
Kultbäumchen, Foto: M.M. Vision, Multimedia GmbH, Andechs: Michel / Prähistorische Staatssammlung München
Stier, Foto: S. Mulzer/Prähistorische Staatssammlung München
Widder und Eber, Foto: H. Dannheimer/Prähistorische Staatssammlung München
Eiserne Achsnägel mit Vogelköpfen, Foto: M. Eberlein/Prähistorische Staatssammlung München
Aufsatz für ein Joch, Foto: S. Mulzer/Prähistorische Staatssammlung München
Viereckschanze, umgezeichnet nach G. Ludwig, aus: Museumspädagogisches Zentrum München (Hrsg.): Bei den Kelten in Bayern. Arbeitsheft zu Objekten der Prähistorischen Staatssammlung München. München 1991
Plan der Viereckschanze von Holzhausen, umgezeichnet nach: Museumspädagogisches Zentrum München (Hrsg.): Bei den Kelten in Bayern. Arbeitsheft zu Objekten der Prähistorischen Staatssammlung München. München 1991

Was geschah wann und wo?

Umzeichnungen des Museumspädagogischen Zentrums nach Fotos der Prähistorischen Staatssammlung , © MPZ

Für einige Abbildungen waren bis zum Drucklegungstermin die Lizenzinhaber nicht feststellbar. Das Museumspädagogische Zentrum ist selbstverständlich gerne bereit, berechtigte Forderungen im Nachhinein abzugelten.

Notizen

Notizen